KB151806

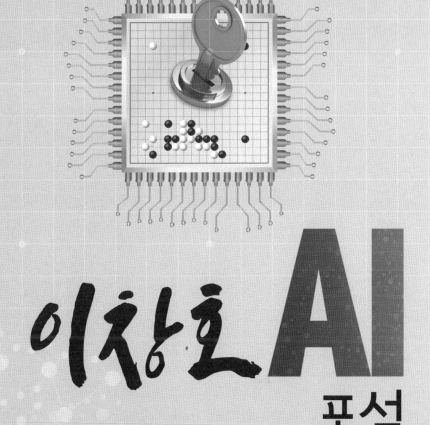

이창호 AI 포석

포석

이창호 · 성기창 공저

다산출판사

░ 머리말

바둑을 둘 때 한 판의 운명을 결정짓는 큰 골격은 거의 대부분 포석에서 결정된다고 해야 할 것입니다. 포석은 부분적인 기술을 중시하는 전술적 능력보다는 전체적인 안목을 중시하는 전략적인 능력을 더욱 중요시하는 분야라고 할 수 있습니다. 그러므로 초, 중급자들의 경우 포석이 승패에 크게 영향을 미치지 않을 수 있지만 고급, 유단자들의 경우에는 포석 단계에서의 큰 실수가 곧 패배로 직결될 만큼 비중이 큰 분야이기도 합니다. 하지만 이전의 포석은 중반전을 잘 대비하기 위한 성격이 강했고, 이는 곧 중반전에 비해 상대적으로 그 비중이 작았던 것도 부인할 수 없는 사실이었습니다.

그런데 이세돌과 인공지능 알파고 간의 세기의 대결 이후 그 양상이 크게 달라지고 있습니다. AI 포석에서는 흑백이 초반부터 치고받고 싸우는 급전 상황이 많아졌기 때문입니다. 초반 포석 단계이지만 예전 중반전의 요소 중 전매특허라 할 만한 침투와 공격, 그리고 전투가 빈번히 벌어지고 있는 것이 현 AI 포석의 특징이라고 할 수 있기 때문입니다. 결국 포석이 승패에 미치는 비중이 그 어느 때보다 커진 것이 현재 유행하고 있는 AI 포석의 특징이라고 할 수 있을 것입니다.

이 책에 등장하는 포석들은 AI에 의해 새롭게 조명받고 있는 것들을 집중적으로 분석한 것으로서 아마추어 초, 중급자들도 이해할 수 있도록 여러 가지 변화들을 자세히 정리한 것이 큰 특징이라고 할 수 있을 것입니다. 예전에 유행했던 포석들과 최근 유행하고 있는 AI 포석들을 비교적 상세하게 비교 분석함으로써 독자들의 이해를 높인 것도 큰 장점 중의 하나라고 할 수 있을 것입니다. 부디 이 책이 독자 여러분의 기력 향상에 조금이나마 도움이 되었으면 합니다.

끝으로 이 책이 나오기까지 힘써 주신 다산출판사 강희일 사장님과 직원 여러분께 감사의 뜻을 전합니다.

2020년 3월 **이창호** 9단

차 례

제1장 **2연성 포석** ………………………………………… **7**

제2장 **3연성 포석** ………………………………………… **49**

제3장 **소목 귀굳힘 포석** ………………………………… **67**

제4장 **소목 화점 병행 포석** …………………………… **121**

제5장 **중국식 포석** ……………………………………… **151**

제6장 **양소목 포석** ……………………………………… **181**

제7장 **실전 포석** ………………………………………… **205**

2연성 포석

구형이 된 포석

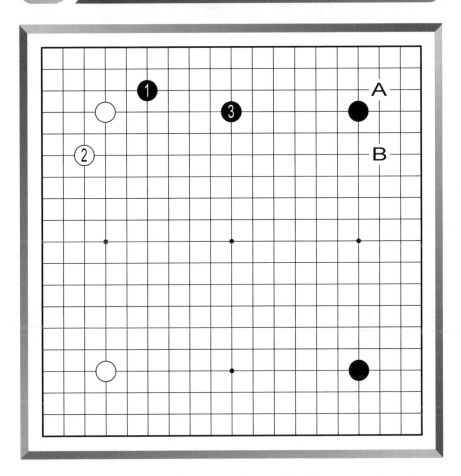

흑1로 걸치고 백2로 받았을 때 흑3으로 벌리는 수는 예전에 유행했던 포석입니다. 하지만 AI가 등장하고 난 이후부터는 흑3으로 벌리는 수가 실전에서 사라졌습니다. 흑3 이후 백의 다음 응수를 A와 B를 중심으로 검토해 보기로 하겠습니다.

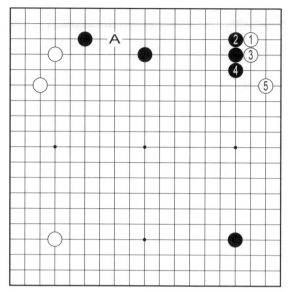

장면도 이후 백은 곧장 1로
3, 三에 침투하는 것이 좋
은 작전입니다. 이후 흑2
로 막고 백3, 5까지 일단락
인데 백이 유리한 포석입
니다. 상변에는 A의 치명
적 침투수가 남아 있다는
것이 흑의 약점입니다.

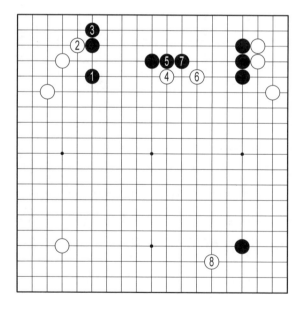

1도 이후 상변을 흑집으로
만들기 위해서는 1로 한칸
뛰어야 합니다. 하지만 백
이 2로 붙인 후 이하 흑7까
지 처리하고 나면 크게 활
용당한 모습입니다. 백8로
걸쳐서는 백이 유리한 포
석입니다.

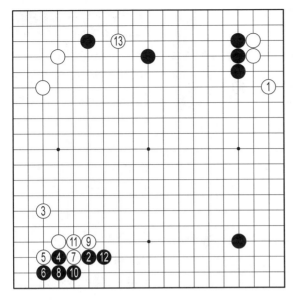

백1 때 흑은 2로 걸치는 정
도입니다. 이후 백3으로
받고 이하 흑12까지가 기
본 정석입니다. 하지만 선
수를 취한 백이 13으로 침
투해서는 흑의 불만족스런
포석입니다.

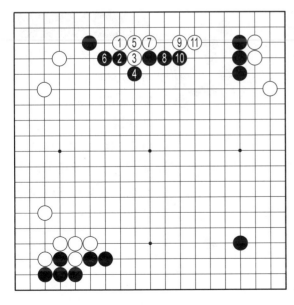

3도 이후의 진행입니다.
백1로 침투하면 흑은 2로
막아서 두는 정도입니다.
이후 백은 3으로 끼운 후
이하 11까지 손쉽게 실리를
차지할 수 있습니다.

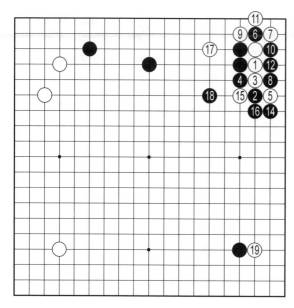

1도의 수순 중 백1 때 흑이 2로 변화를 모색한다면 백은 3으로 치받는 것이 좋습니다. 이후 흑4로 막고 백5 이하 흑18까지가 기본 정석인데 백은 선수로 상변을 무너뜨린 모습입니다. 선수를 취해서 백19로 붙이면 이 역시 백이 유리한 포석입니다.

(백⑬…흑❻)

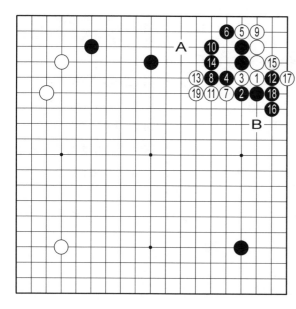

백1 때 흑2로 올라선다면 백은 3으로 찌른 후 흑4 때 5, 7로 두는 수순이 좋습니다. 이후 흑은 8로 뻗은 후 이하 18까지 버려도 백19로 연결한 후 A와 B를 맞보기로 노리면 백이 우세한 결과입니다.

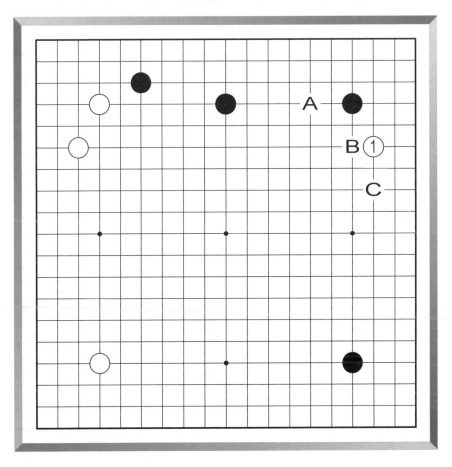

백은 3, 三에 들어가지 않고 1로 걸치는 것도 가능합니다. 이후 흑의 응수는 A~C 까지 세 가지를 생각할 수 있는데 각각의 변화를 살펴보기로 합니다.

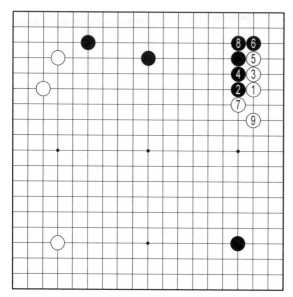

백1로 걸치면 흑은 2로 붙이는 것이 보통입니다. 이후 백3으로 파고들고 흑4이하 백9까지 신형 정석이 이루어집니다. 전체적으로는 백이 약간 유리한 결과입니다.

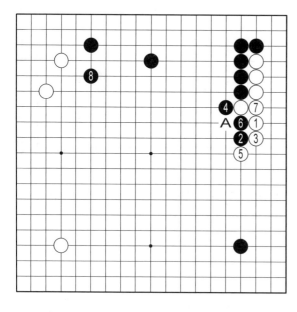

1도 이후 흑은 2로 어깨 짚는 수가 후속 수단 중 하나입니다. 이후 백3으로 밀고 흑4 이하 흑8까지가 예상되는 진행인데 백이 A로 끊어서 전투를 유도하면 백이 유리한 포석입니다.

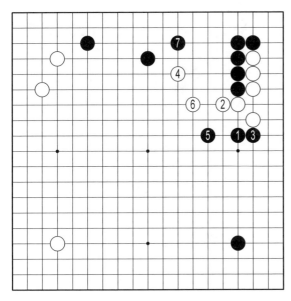

흑1 때 백은 2로 뻗어서 반
발하는 수도 가능합니다.
계속해서 흑3으로 막고 백
4 이하 흑7까지가 예상되
는 진행인데 이후 백이 우
변에 침투하면 활발한 포
석입니다.

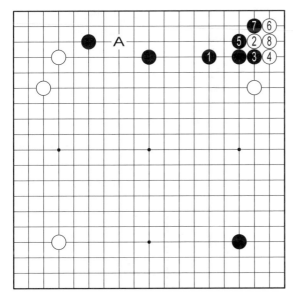

흑1로 받는 수는 예전에는
상식적인 응수로 여겨졌습
니다. 하지만 백이 2로 침
투한 후 이하 8까지 실리
를 차지하고 나면 흑으로
선 싱거운 결말입니다. 상
변은 A로 침투하는 약점도
남아 있습니다.

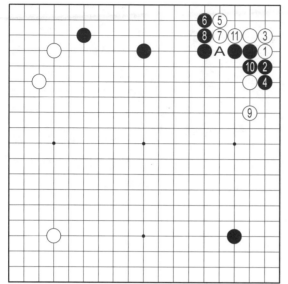

백1 때 흑은 2로 막고 버틸 수도 있습니다. 하지만 백 3으로 연결한 후 이하 11까지 안정하고 나면 흑은 A 의 약점이 부담으로 남습니다. 이 역시 백이 유리한 결과입니다.

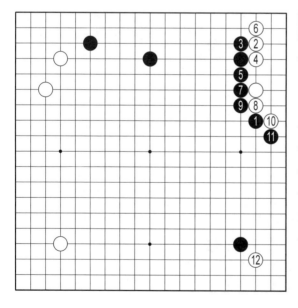

흑1로 협공하는 것은 예전에 유행했던 수입니다. 하지만 백이 2로 침투한 후 흑3, 5 때 백6으로 내려서는 수순이 좋아서 흑은 좋은 결과를 기대하기 어렵습니다. 흑7, 9에는 백8, 10을 선수한 후 백12로 침투해서 백이 유리한 포석입니다.

나쁜 평가를 받는 갈라치기

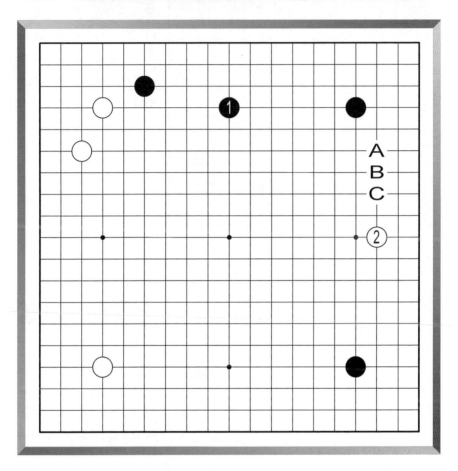

흑1 때 백2로 갈라친 수는 유연하게 국면을 이끌겠다는 뜻입니다. 하지만 AI 신포석에서는 백2가 느슨한 수가 되어서 좋은 평가를 받지 못하고 있습니다. 백2 때 흑의 다음 응수를 A~C를 중심으로 살펴보기로 하겠습니다.

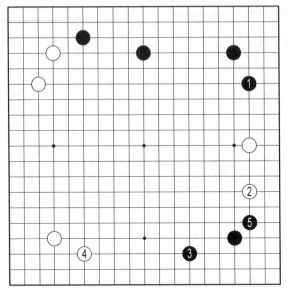

백의 갈라치기에는 흑1로 귀를 굳히는 것이 좋습니다. 이후 백2로 걸치고 흑 3, 5까지가 예상되는 진행 인데 서로가 둘 만한 포석 입니다.

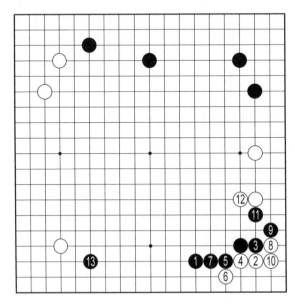

흑1 때 백2로 침투하는 것 은 너무 실리를 밝히는 수 입니다. 흑은 3으로 차단 한 후 이하 13까지 유리한 바둑으로 이끌 수 있습니 다.

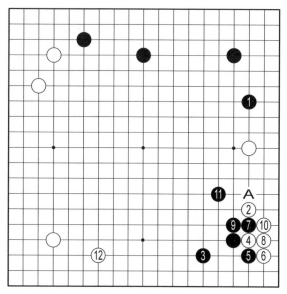

흑1로 굳힐 수도 있습니다. 흑1이면 백은 2로 걸치는 것이 좋습니다. 계속해서 흑3으로 받고 백4 이하 12 까지가 일반적인 진행인데 서로가 둘 만한 포석입니 다. 백12 이후 흑은 A로 붙여서 국면을 풀어가게 됩니다.

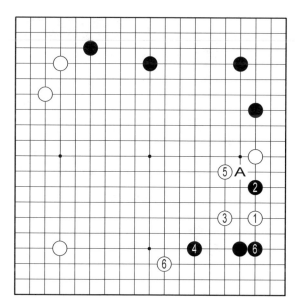

백1 때 흑은 2로 침투해서 두는 변화도 가능합니다. 이후 백3으로 한칸 뛰고 흑4 이하 백6까지가 예상되는 진행인데 서로가 둘 만한 바둑입니다. 이후 흑은 A로 움직이는 것이 노림입니다.

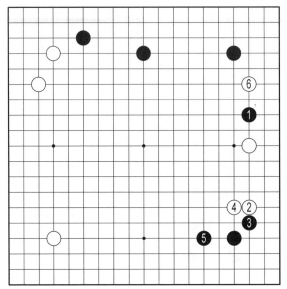

흑1처럼 바짝 다가서는 것은 예전에 유행했던 수입니다. 하지만 백2로 걸치면 썩 좋은 결과를 기대할 수 없습니다. 이후 흑3으로 마늘모 붙이고 백4, 6까지가 예상되는 진행인데 백이 약간 유리한 결과입니다.

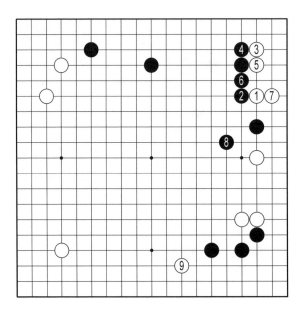

5도 이후의 진행입니다. 백1로 침투하면 흑은 2로 붙여서 응수하는 정도입니다. 계속해서 백3으로 침투하는 것이 적절한 후속 수단이며 흑4 이하 흑8까지가 예상되는 진행입니다. 하지만 선수를 취한 백이 9로 다가서면 백이 앞서는 포석입니다.

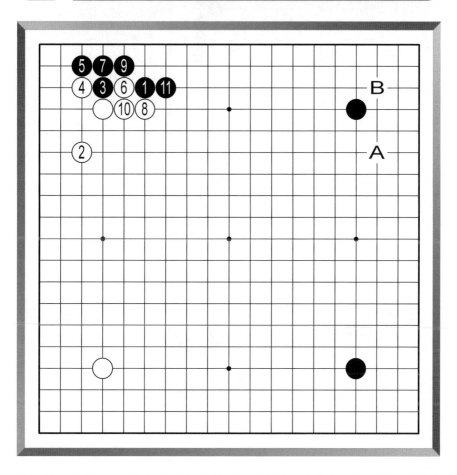

흑1, 백2 때 흑3으로 붙인 후 백4 때 흑5로 되젖히는 것이 유행하고 있는 정석입니다. 이후 백6으로 단수치고 이하 흑11까지 실전에 자주 등장하는 기본형인데 이후 백의 다음 착점이 관건입니다. 그럼 A와 B를 중심으로 포석 변화를 살펴보기로 하겠습니다.

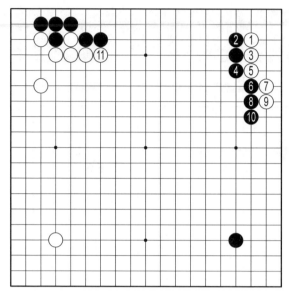

백1로 침투하는 것이 가장 알기 쉬운 착점입니다. 이후 흑2로 막고 백3 이하 흑10까지가 기본 정석입니다. 선수로 실리를 차지한 백이 11로 밀어서 흑의 두터움을 견제하면 서로가 둘 만한 포석입니다.

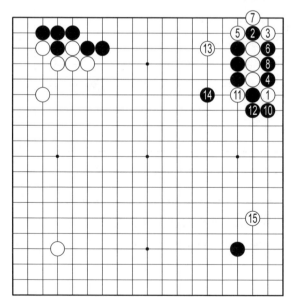

백1 때 흑2로 젖힌 후 4로 끊는 것은 이 경우 좋은 정석 선택이 아닙니다. 이후 백5로 단수치고 이하 흑14까지가 기본형인데 백은 선수로 상변 흑의 발전성을 견제하면서 실리를 차지했으므로 만족입니다.
(백⑨···흑❷)

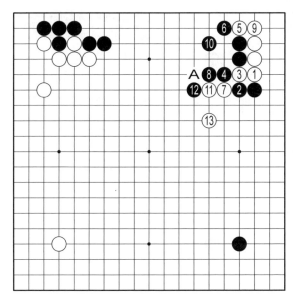

백1 때 흑2로 올라서는 정석 변화도 검토할 수 있습니다. 이때는 백3으로 찌른 후 5, 7로 끊는 것이 좋은 수순입니다. 계속해서 흑8로 뻗을 수밖에 없을 때 백9로 연결한 후 이하 백13까지 진행시키면 백이 유리한 바둑입니다. 이후 백은 A의 끊음과 흑 두점에 대한 공격을 노릴 수 있습니다.

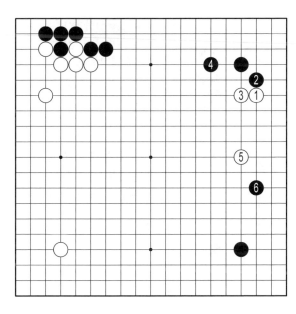

백은 1로 걸쳐서 두는 바둑도 가능합니다. 백1로 걸치면 흑은 2로 마늘모 붙인 후 백3 때 흑4로 받는 것이 적절한 선택입니다. 계속해서 백5로 벌리고 흑6으로 다가서기까지 서로가 둘 만한 바둑입니다.

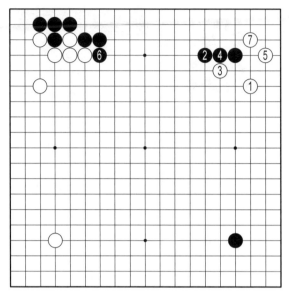

백1 때 흑은 2로 한칸 뛰어
서 받는 것도 훌륭한 한수
입니다. 계속해서 백은 3
으로 들여다보는 것이 좋
은 선택이며 흑4 이하 백7
까지 호각의 갈림입니다.

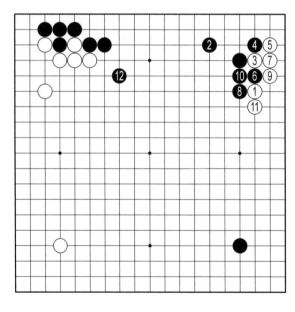

백1 때 흑2로 받는 것도 가
능합니다. 계속해서 백3으
로 붙이고 흑4 이하 백11까
지는 기본 정석이며 흑12
로 날일자해서 상변을 키
우는 바둑이 됩니다. 이 형
태 역시 서로가 둘 만합니
다.

손빼고 걸치기

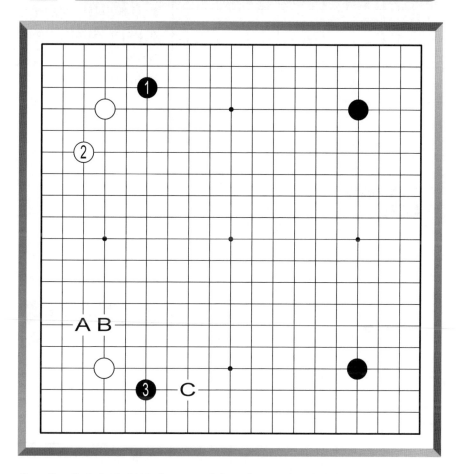

흑1, 백2 때 흑은 손을 빼서 3으로 걸치는 바둑도 가능합니다. 그럼 흑3 이후 백
이 어떤 방법으로 국면을 풀어가야 하는지 A~C를 중심으로 살펴보기로 하겠습
니다.

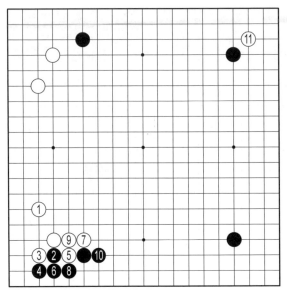

백1로 받는 것은 가장 무난한 선택입니다. 이후 흑2로 붙이고 백3 이하 11까지 서로가 불만이 없는 기본 포석이 됩니다.

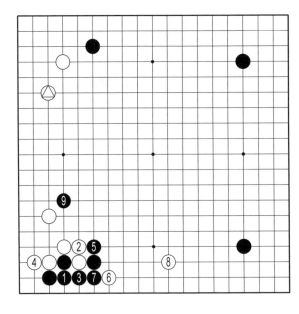

흑1, 3 때 백은 4로 뻗어서 두는 진행도 가능합니다. 계속해서 흑5로 밀어 올렸을 때 백6으로 들여다본 수가 신형 정석입니다. 이후 흑7로 잇는다면 백은 8로 벌리게 되며 흑도 9로 어깨 짚어서 백△를 견제하는 포석이 됩니다. 전체적으로 흑의 기분 좋은 흐름입니다.

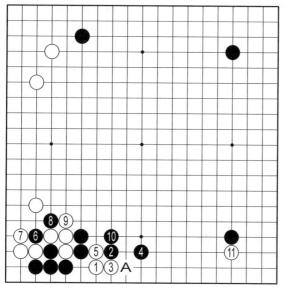

3도 흑의 변화

백1 때 흑은 2로 씌워서 두는 변화도 가능합니다. 이후 백3으로 두고 흑4 이하 흑10까지가 기본형입니다. 백은 A의 움직임을 엿보며 11로 붙여가는 진행이 되는데 백에게 포인트를 더 줄 수 있는 포석입니다.

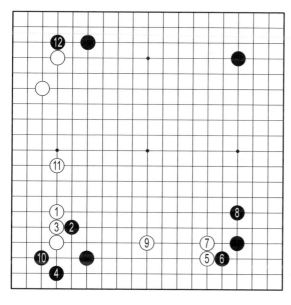

4도 한칸 받기

백은 1로 받을 수도 있습니다. 백1이면 흑은 2로 들여다본 후 4로 날일자하는 것이 좋은 수순입니다. 이후 백5로 걸치고 흑6 이하 흑12까지가 예상되는 진행인데 서로가 둘 만한 포석입니다.

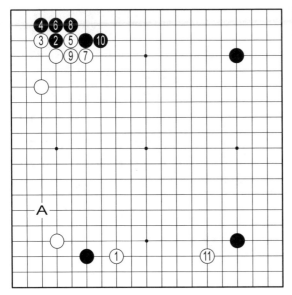

백은 1로 협공해서 둘 수도 있습니다. 이후 흑은 손을 빼서 2로 붙인 후 4로 되젖혀서 좌상귀를 결정짓는 것이 보통입니다. 계속해서 백5로 단수치고 이하 백 11까지 호각의 갈림입니다. 수순 중 백11로는 A로 받는 것도 가능합니다.

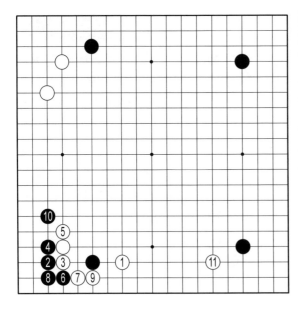

백1 때 흑2로 침투한 것은 실리를 중시한 선택입니다. 이후 백3으로 막고 흑4 이하 백11까지가 예상되는 진행인데 서로가 둘 만한 포석입니다.

적극적인 한칸 협공

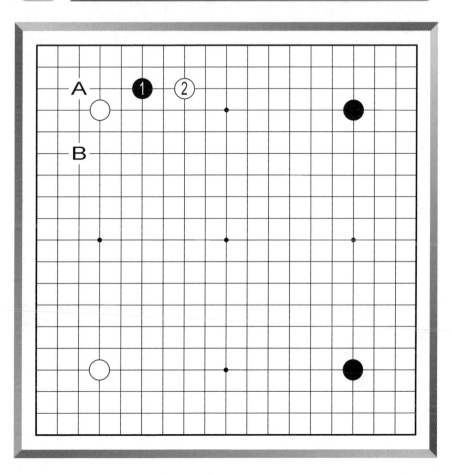

흑1로 걸쳤을 때 백은 2로 협공하는 작전도 가능합니다. 이에 대해 흑이 직접 응수한다면 A와 B 중 어떤 정석을 선택하는 것이 좋을까요?

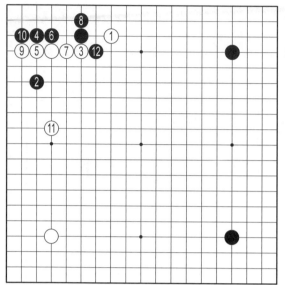

백1로 협공하면 흑은 2로
양걸침해야 합니다. 이후
백3으로 붙여서 봉쇄하고
이하 흑12까지가 예상되는
진행입니다.

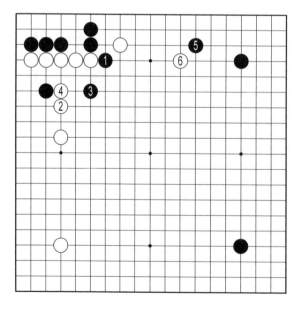

1도 이후의 진행입니다. 흑
1로 젖히면 백은 2로 어깨
짚어서 흑 한점의 움직임
을 제한하는 것이 두터운
응수입니다. 이후 흑이 3
을 선수한 후 5로 둔다면
백6으로 어깨 짚어서 국면
을 풀어갑니다. 이 진행은
서로가 둘 만합니다.

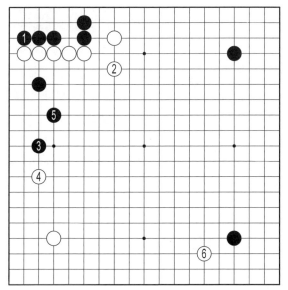

흑1 때 백은 2로 한칸 뛰어서 두텁게 두는 작전도 가능합니다. 이후 흑3으로 벌리고 백4, 흑5까지 이 역시 호각의 갈림입니다.

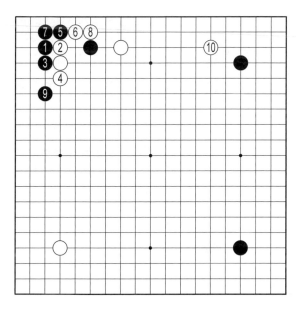

흑1로 침투하는 것도 가능한 작전입니다. 이후 백2로 막고 흑3 이하 백10까지 진행되면 호각의 갈림입니다.

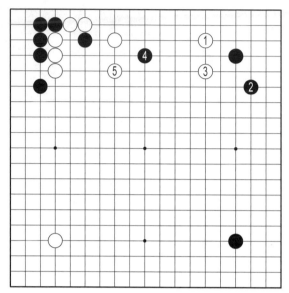

4도 이후의 진행입니다.
백1로 걸치면 흑은 2로 받
는 것이 보통입니다. 계속
해서 백3으로 한칸 뛰고
흑4로 지키기까지가 예상
되는 진행인데 서로가 둘
만한 바둑입니다.

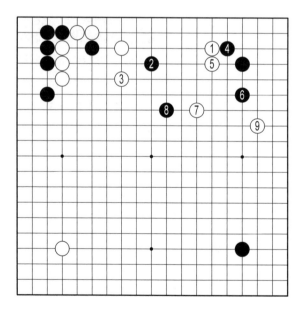

백1 때 곧장 흑2로 침투하
는 진행도 생각할 수 있습
니다. 백3은 역시 공격의
급소이며 흑4 이하 백9까
지가 예상되는 진행입니
다. 전체적으로 백이 두터
운 바둑입니다.

손빼고 3, 三

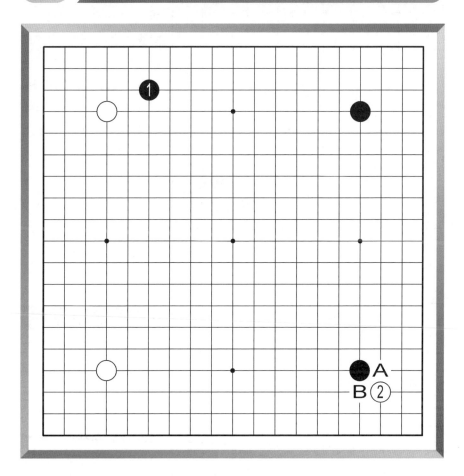

흑1로 걸쳤을 때 백은 곧바로 3, 三에 침투하는 작전도 가능합니다. 백2로 침투하면 흑은 A와 B 중 어떤 곳으로 막아서 국면을 이끌어야 하는지 살펴보기로 하겠습니다.

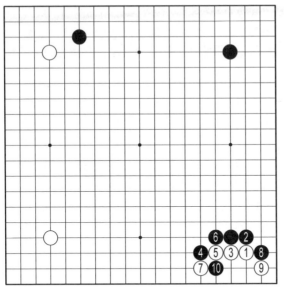

백1로 침투했을 때 흑2로 막는 변화를 살펴보기로 하겠습니다. 이후 백3으로 둘 때 흑4로 날일자하는 것이 적절한 정석 선택이 며 백5에는 흑6, 8로 응수 합니다. 이후 백9, 흑10까 지는 예정된 수순입니다.

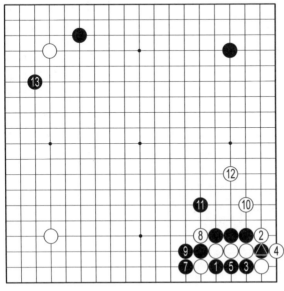

1도 이후의 진행입니다. 흑 1로 끊으면 백2로 단수치 고 이하 백12까지는 기본 정석입니다. 우변의 백 모 양은 매우 좋지만 흑도 13 으로 양걸침해서 충분히 둘 만한 바둑입니다.
(백⑥…흑▲)

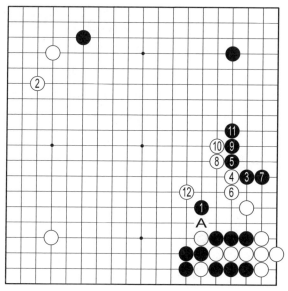

흑1 때 백은 우하귀를 손빼고 2로 받는 것도 가능합니다. 계속해서 흑3으로 바짝 다가서는 것은 약간 성급합니다. 백은 4, 6으로 붙여 뻗는 것이 좋은 대응입니다. 계속해서 흑7로 내려서는 것을 기다려 이하 12까지 압박하면 백이 유리한 바둑입니다. 수순 중 백12로는 A로 움직이는 것도 가능합니다.

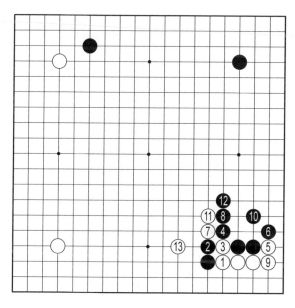

1도의 수순 중 백1 때 흑2로 올라서는 것은 좋지 않습니다. 백은 3, 5를 선수한 후 7로 끊는 수순이 좋습니다. 흑8을 기다려 백9 이하 백13까지 공격하면 흑이 불리한 싸움입니다.

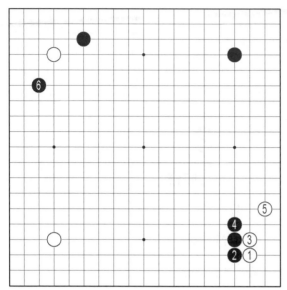

백1 때 흑은 2로 막는 것도
가능합니다. 이후 백3, 5로
두는 것을 기다려 흑6으로
양걸침하면 서로가 둘 만
한 포석입니다.

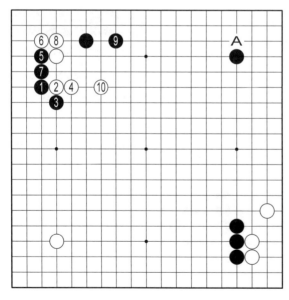

5도 이후의 진행입니다.
흑1로 양걸침하면 백2로
붙인 후 이하 백10까지가
예상되는 수순입니다. 이
진행은 서로가 둘 만합니
다. 수순 중 백10으로는 A
로 붙이는 것도 유력합니
다.

극단적인 3, 三 침투

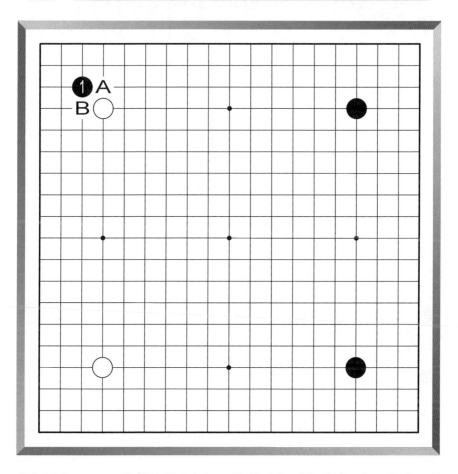

흑은 곧장 1로 3, 三에 침투하는 작전도 가능합니다. 이후 백이 A와 B 중 어느 쪽
으로 막느냐에 따라서 변화가 틀려집니다. 그럼 각각의 경우에 따른 변화를 살펴
보기로 하겠습니다.

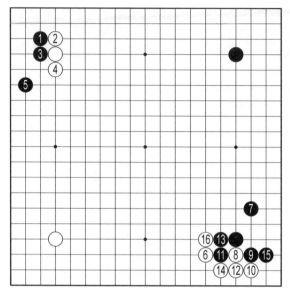

흑1로 침투하면 백2로 막는 것이 보통입니다. 이후 흑3, 5로 두고 백6으로 걸쳐가는 진행이 예상됩니다. 계속해서 흑7로 받고 이하 백16까지 서로가 둘 만한 바둑입니다.

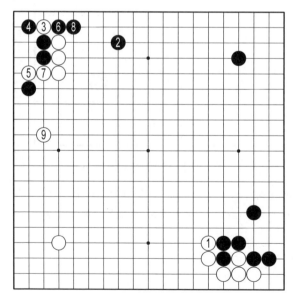

백1로 두었을 때 흑이 좌상귀 백돌을 압박하는 방법은 2로 다가서는 것입니다. 하지만 백3, 5 때 흑6이 성급한 수입니다. 백7, 9까지 진행되어서는 백이 매우 두텁습니다.

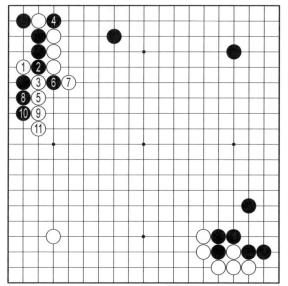

백1에는 흑2로 끊는 한수
입니다. 이후 백도 3으로
막고 흑4 때 5로 뻗는 수
순이 중요합니다. 계속해
서 흑6으로 끊고 이하 백11
까지가 예상되는 진행인데
서로가 둘 만한 바둑입니
다.

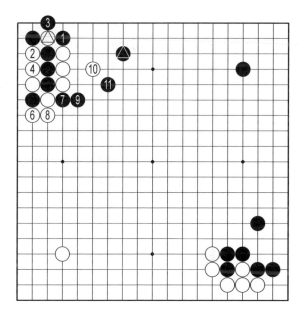

흑1 때 백2, 4로 단수쳐서
두는 것은 별로 좋지 않습
니다. 이후 흑5로 잇고 이
하 백8까지는 상용의 수순
인데 흑에겐 9로 뻗는 강수
가 성립합니다. 계속해서
백10으로 달아나도 흑11로
씌우면 흑❸ 한점이 큰 역
할을 하게 됩니다.
(흑❺…백△)

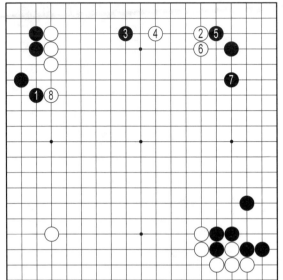

흑은 1로 입구자해서 두텁게 두는 수도 가능합니다. 이후 백2로 걸치고 흑3 이하 백8까지 서로가 둘 만한 바둑입니다.

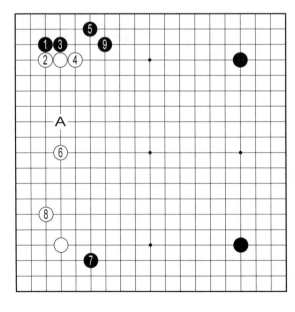

흑1 때 백2로 막고 둘 수도 있습니다. 흑3 이하 흑9까지가 예상되는 진행인데 백 모양이 좌변에 치우쳤다는 것이 백으로선 약간 불만입니다. 이후 흑은 A의 침투가 노림입니다.

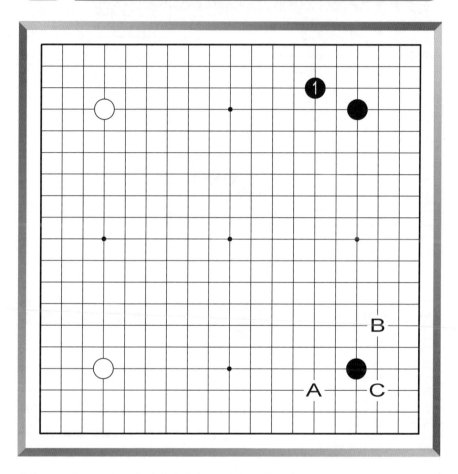

흑은 1로 귀를 굳히고서 견실하게 두는 작전도 가능합니다. 흑1로 귀를 굳히면 백은 우하귀 흑으로 방향을 돌리게 되는데 A~C까지의 응수를 생각할 수 있습니다. 그럼 각각의 변화를 살펴보기로 하겠습니다.

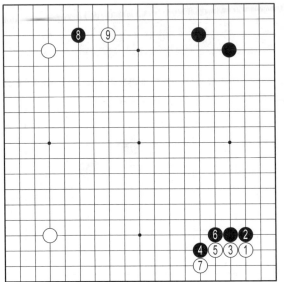

백1로 침투하는 것이 가장 보통의 선택입니다. 백1로 침투하면 흑2로 막고 이하 백9까지가 예상되는 진행입니다. 서로가 둘 만한 포석입니다.

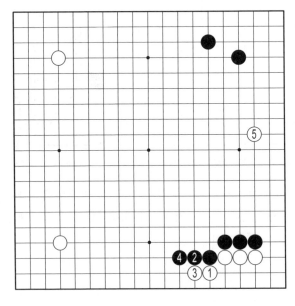

1도의 수순 중 백1 때 흑2로 뻗는 것은 좋지 않습니다. 백이 3을 선수한 후 5로 갈라치면 흑이 대세에서 뒤지는 포석입니다.

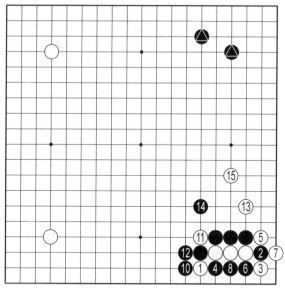

백1 때 흑2로 젖힌 후 4로 끊는 것도 찬성하기 힘든 선택입니다. 이후 백5로 단수치고 이하 백15까지가 기본 정석인데 이 결과는 흑▲ 귀굳힘의 위력이 반감되어 흑이 불리합니다. (백⑨…흑❷)

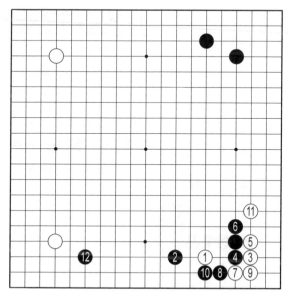

백은 1로 걸치는 것도 가능한 선택입니다. 이후 흑2로 협공한다면 백3으로 침투하는 것이 알기 쉽습니다. 계속해서 흑4로 막고 이하 흑12까지 서로가 둘 만한 포석입니다.

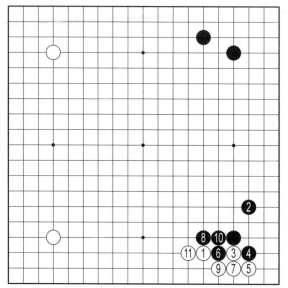

백1 때 흑2로 받는 것은 약간 불만입니다. 이후 백3으로 붙이고 흑4 이하 백11까지가 예상되는 진행인데 흑 모양이 우변에 편중되었다는 것이 문제입니다.

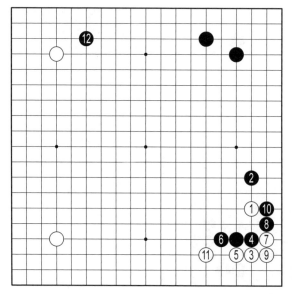

백1로 걸치는 것은 흑2의 협공이 제격이라 백이 약간 불만입니다. 이후 백3으로 침투하고 흑4 이하 흑12까지가 예상되는 진행인데 흑이 편한 바둑입니다.

귀굳힘의 방향에 따른 선택

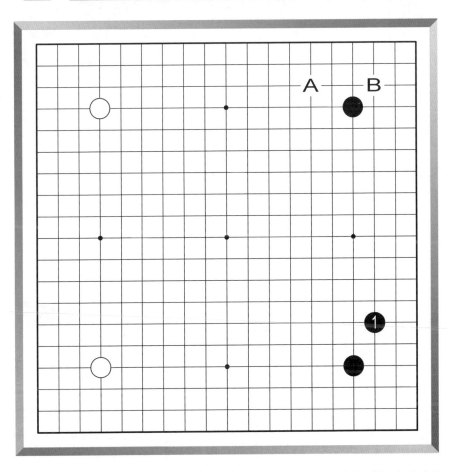

흑은 1로 날일자해서 귀를 굳힐 수도 있습니다. 흑1로 귀를 굳히면 백은 우상귀에
눈을 돌리게 되는데 A와 B를 중심으로 변화를 검토해 보기로 하겠습니다.

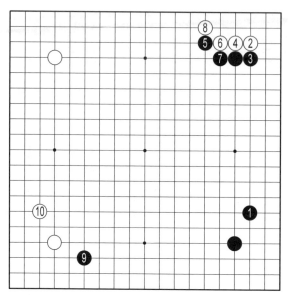

흑1로 귀를 굳히면 백은 2
로 침투하는 것이 보통입
니다. 이후 흑3으로 막고
백4 이하 백10까지가 예상
되는 진행인데 서로가 둘
만한 포석입니다.

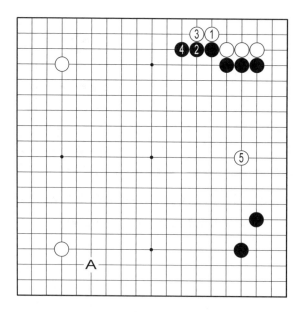

1도의 수순 중 백1 때 흑2
로 뻗는 것은 좋지 않습니
다. 백은 3을 선수한 후 5
로 갈라쳐서 우세를 확립
할 수 있습니다. 수순 중
백5로는 A에 두는 것도 유
력합니다.

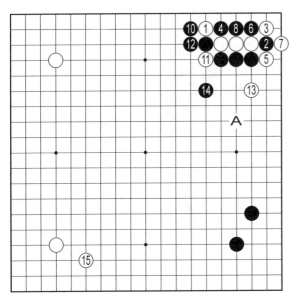

백1 때 흑2로 젖히는 것도 좋은 선택이 아닙니다. 백 3 때 흑4로 끊어서 두겠다 는 것이 흑의 의도이지만 백5 이하 흑12까지 백이 앞서는 바둑입니다. 수순 중 백15는 A에 두는 것도 유력합니다.

(백⑨…흑❷)

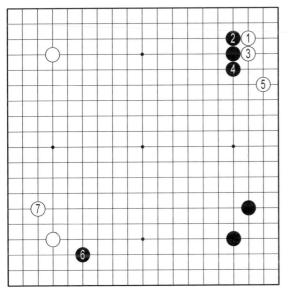

백1 때 흑2로 막는 것은 방 향착오입니다. 백3, 5 때 흑6으로 걸쳐 보지만 백7 까지 백이 약간 유리한 바 둑입니다.

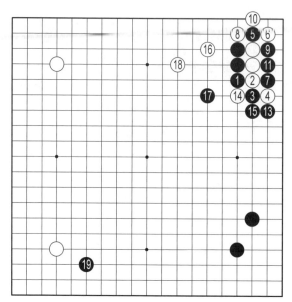

흑1 때 백2로 밀고 나오는 것은 백의 실수입니다. 흑은 3으로 젖힌 후 백4 때 5로 젖히는 수순이 좋습니다. 이후 백6으로 막고 이하 백18까지가 기본 정석인데 흑19로 걸쳐서 흑도 둘 만한 포석이 되었습니다.

(백⑫…흑❺)

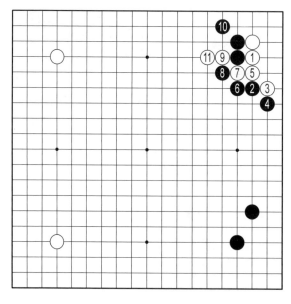

백1 때 흑이 2로 날일자한 후 4, 6으로 강하게 버티는 변화입니다. 이후 백이 7, 9로 절단한 후 흑10, 백11까지 전투가 벌어지는데 서로가 어려운 바둑입니다.

제2장

3연성 포석

걸침과 침투의 갈림길

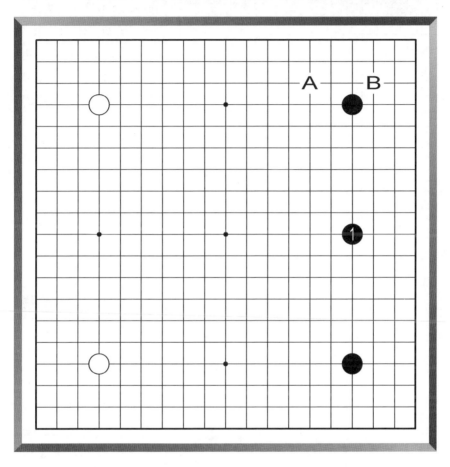

흑1의 3연성 포석은 한때 유행했던 세력형 포진입니다. 하지만 실리를 중시하는 현대 포석의 흐름상 요즘 프로의 실전에선 거의 등장하지 않는 포석입니다. 그럼 흑1에 대해 A의 걸침과 B의 침투를 중심으로 변화를 검토해 보기로 하겠습니다.

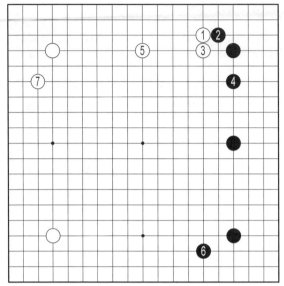

백1로 걸치면 흑은 2로 마늘모 붙인 후 4로 받는 것이 적절한 대응입니다. 이후 백5로 벌리고 흑6, 백7까지가 예상되는 진행인데 백이 조금 앞선 포석입니다.

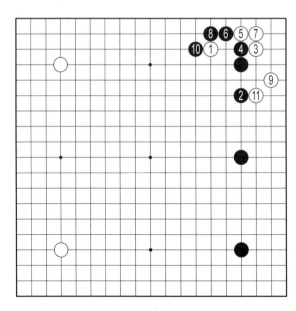

백1 때 흑2로 받는 수는 예전이라면 상식적인 수단입니다. 하지만 AI 바둑에서는 백3으로 침투한 후 이하 11까지 진행되면 흑이 불리한 것으로 판정하고 있습니다.

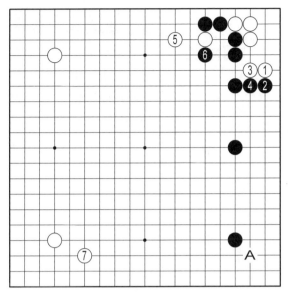

백1 때 흑2로 막고 버티는 변화도 검토할 수 있습니다. 이때는 백3을 선수한 후 5로 한칸 뛰는 것이 좋습니다. 이후 흑6에는 백7로 손을 돌려서 백이 유리합니다. 수순 중 백7로는 A의 침투도 유력합니다.

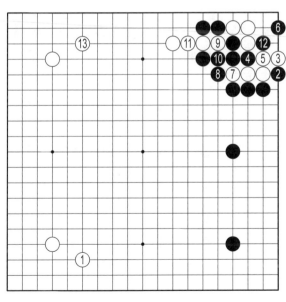

백1 때 흑은 2로 젖혀서 귀의 사활을 추궁할 수 있습니다. 하지만 백3으로 막은 후 이하 흑12까지 처리하고 나면 흑이 후수가 됩니다. 백은 귀를 사석으로 처리한 후 13으로 귀를 굳혀서 대만족입니다.

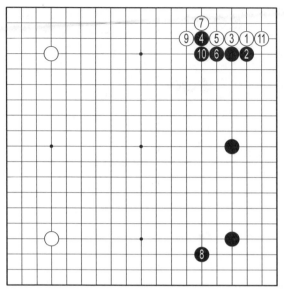

백은 곧장 1로 침투하는 선택도 가능합니다. 이후 흑 2로 막고 백3 이하 11까지가 예상되는 진행인데 백의 실리가 좋은 바둑입니다.

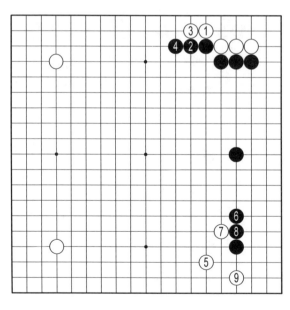

백1 때 흑2로 뻗는 것은 더욱 좋지 않습니다. 백은 3을 선수한 후 5로 걸쳐서 더욱 유리합니다.

한칸 협공 이후 처리법

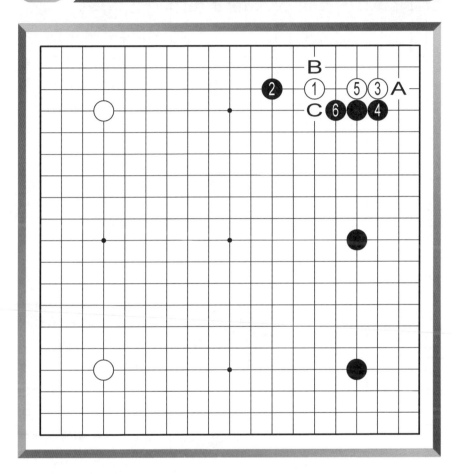

백1 때 흑2로 협공하는 수는 예전 세력 작전을 위한 상용수법이었습니다. 계속해서 백3으로 침투하고 흑4, 6까지는 필연적인 수순인데 이후 백의 응수가 중요합니다. 백은 A~C 중 어떤 방법으로 국면을 풀어가는 것이 좋은지 살펴보기로 하겠습니다.

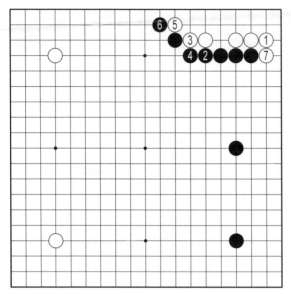

1도 백의 정수

백은 1로 내려서는 것이 좋습니다. 흑은 2로 막는 것이 절대수인데 백에겐 3, 5를 선수한 후 7로 두는 수가 준비되어 있습니다. 이 진행은 백이 우세합니다.

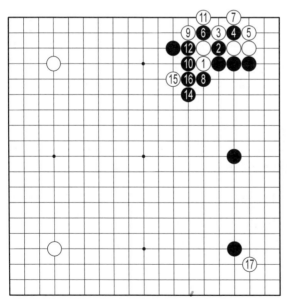

2도 가능한 선택

백은 1로 밀고 올라오는 변화도 가능합니다. 이후 흑 2, 4로 끊고 백5 이하 흑16까지가 기본 정석인데 귀중한 선수가 백에게 돌아갑니다. 선수를 취한 백이 17로 침투하면 백이 앞서는 포석입니다.
(백⑬…흑❻)

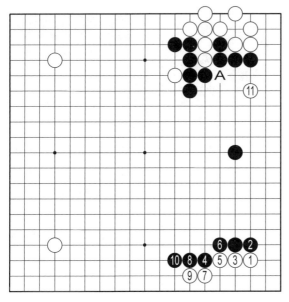

2도 이후의 진행입니다. 백1로 침투하면 흑2로 막고 이하 흑10까지는 쉽게 떠올릴 수 있는 수순입니다. 선수를 잡은 백은 11이라는 통렬한 침투수를 준비하고 있습니다. 흑은 A의 약점 때문에 공격이 쉽지 않다는 것이 고민입니다.

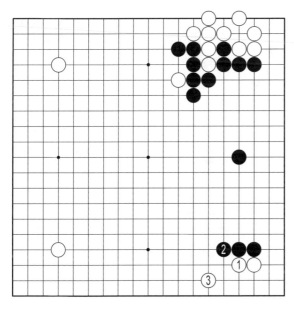

백1 때 흑2로 받는다면 백은 3으로 날일자하는 것이 좋은 선택입니다. 이 진행 역시 백의 실리가 돋보이는 포석입니다.

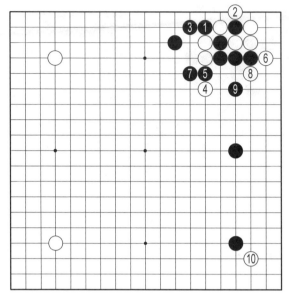

흑1, 백2 때 흑3으로 뻗고 싸우는 것은 다소 과격한 의미가 있습니다. 흑3에는 백4로 한칸 뛰는 것이 탄력 있는 행마입니다. 이후 흑5로 끼운다면 백6이 날카로운 맥점입니다. 흑은 약점 관계상 7, 9로 후퇴할 수밖에 없는데 백10까지 백이 우세한 바둑입니다.

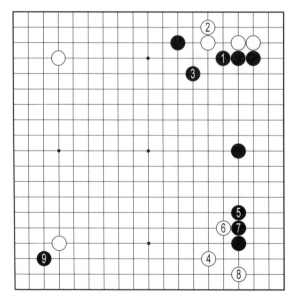

흑1 때 백2로 내려서는 것은 약간 미흡합니다. 흑3 때 백4로 걸쳐서 백도 불리할 것은 없지만 이하 흑9까지 흑도 충분히 둘 만한 바둑이 됩니다.

걸친 이후 3연성

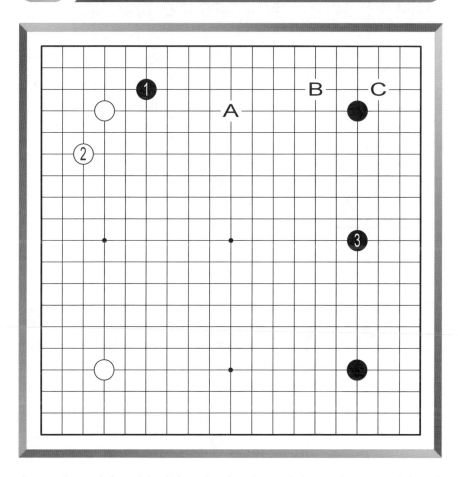

흑은 곧바로 3연성 포석을 펼치는 것보다는 흑1로 걸쳐둔 후에 3으로 3연성 포석을 펼치는 것이 좀 더 위력적인 의미가 있습니다. 그럼 흑3 이후 백의 다음 작전을 A~C를 중심으로 살펴보기로 하겠습니다.

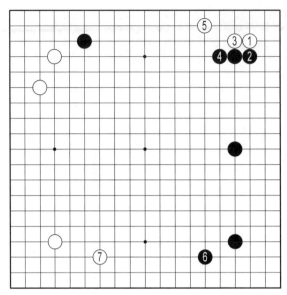

백은 1로 3, 三에 침투하는 것이 가장 알기 쉬운 선택입니다. 이후 흑2로 막고 백3 이하 7까지가 예상되는 진행인데 백의 실리가 돋보이는 바둑입니다.

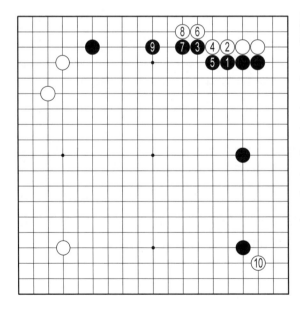

흑1 때 백은 2로 변화를 구할 수도 있습니다. 계속해서 흑도 3으로 늦춰서 받는 것이 좋은 선택이며 백4 이하 10까지가 예상되는 진행입니다. 하지만 이 진행 역시 백이 두기 편한 바둑입니다.

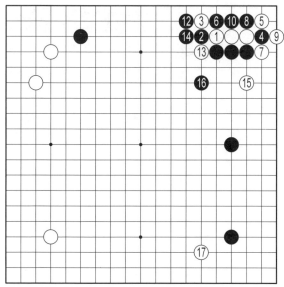

백1 때 흑2, 4로 변화를 구하는 것은 배석 관계상 흑이 좋지 않습니다. 이후 백5로 젖히고 이하 흑16까지가 기본형인데 우변 흑의 3연성 모양이 무너진 모습입니다. 백17로 걸쳐서 백이 많이 유리한 바둑입니다.

(백⑪…흑❹)

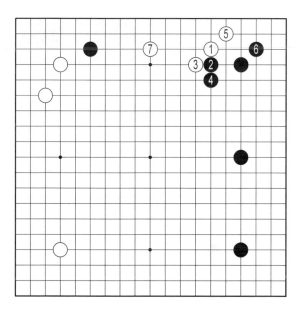

백은 1로 걸쳐서 두는 것도 가능합니다. 백1로 걸치면 흑은 2, 4로 붙여 뻗는 것이 보통이며 이하 백7까지가 예상되는 진행입니다. 하지만 이 진행 역시 백이 약간 유리합니다.

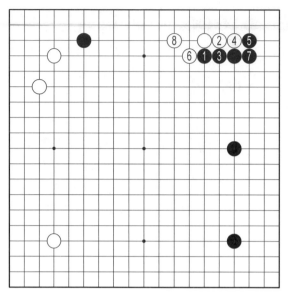

흑1 때 백은 2로 파고드는 것이 더욱 유력한 선택입니다. 이후 흑3으로 잇고 백4 이하 8까지가 기본형인데 백이 편한 바둑입니다.

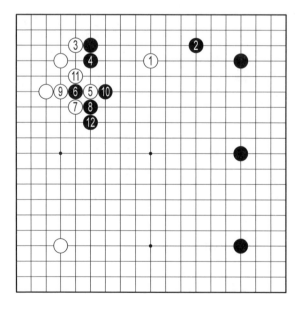

백1로 협공하는 것은 흑2를 허용해서 실속 없는 결과를 초래할 가능성이 높습니다. 이후 백3, 5로 공격적인 자세를 취해 보지만 흑6으로 붙인 후 이하 12까지 처리하는 수순이 좋아서 백이 불리합니다.

두 번 걸친 후 3연성

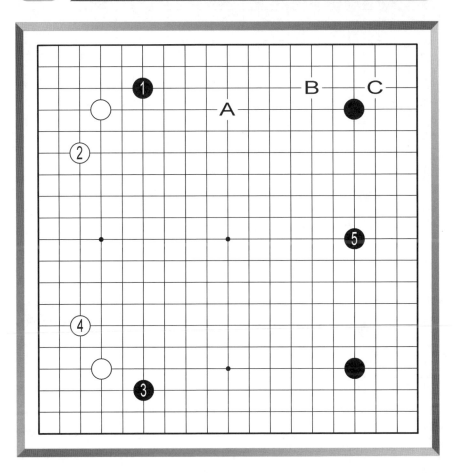

흑1, 3으로 양쪽 귀를 선수로 걸친 후에 5에 두어서 3연성을 펼치는 포석도 생각할 수 있습니다. 그럼 흑5 이후 백의 작전에 대해서 A~C를 중심으로 살펴보기로 하겠습니다.

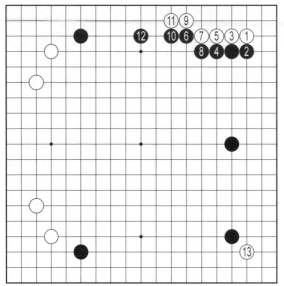

백은 1로 3, 三에 들어가는
것이 가장 무난한 선택입
니다. 이후 흑2로 막고 백
3 이하 13까지가 예상되는
진행인데 백의 실리가 돋
보이는 바둑입니다.

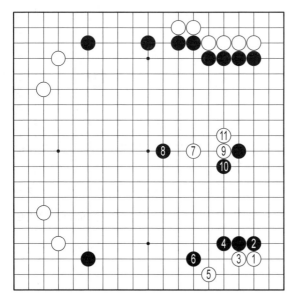

1도 이후 예상할 수 있는 후속
진행입니다. 백1로 침투하면
흑은 2로 막은 후 4로 뻗는 정
도입니다. 이후 백5에는 흑6
으로 씌워서 일관된 세력작전
을 펼칩니다. 하지만 백이 손
을 빼서 7로 삭감을 감행하면
이 돌을 공격하기가 쉽지 않
다는 것이 고민입니다. 흑8로
모자를 씌워도 백은 9, 11까지
수습이 가능한 형태입니다.

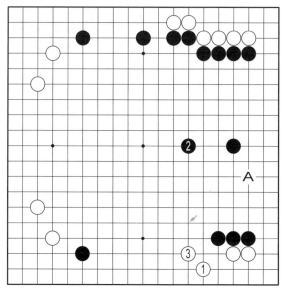

백1 때 흑2로 두칸 뛰어서 백의 삭감에 대비한다면 백은 3으로 두는 것이 좋습니다. 이후 백이 A의 침투를 노릴 수 있어서 백이 앞서는 포석입니다.

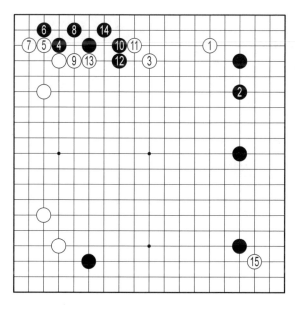

백은 1로 걸치는 선택도 가능합니다. 이후 흑2로 받고 백3 이하 15까지가 예상할 수 있는 수순인데 이 역시 백이 편한 바둑입니다.

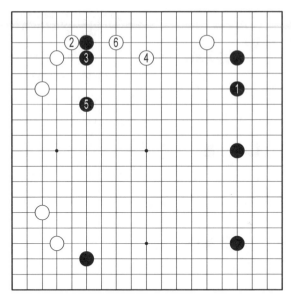

흑1 때 백은 2로 마늘모 붙인 후 흑3 때 4로 협공해서 공격적인 작전을 선택하는 것도 가능합니다. 이후 흑5에는 백6으로 근거를 박탈해서 백이 우세한 진행입니다.

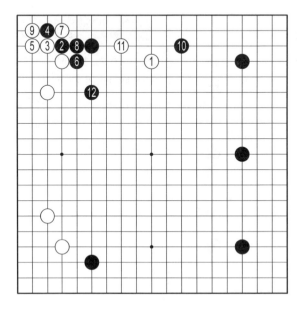

곧장 백1로 협공하는 것은 좋은 선택이 아닙니다. 흑은 당연히 2, 4로 수습을 꾀할 것입니다. 이후 백5가 이 경우 좋은 대응이긴 하지만 흑6 이하 흑12까지의 진행에서 보듯 백이 유리할 것이 없는 바둑입니다.

제3장
소목 귀굳힘 포석

유행하는 두칸 굳힘

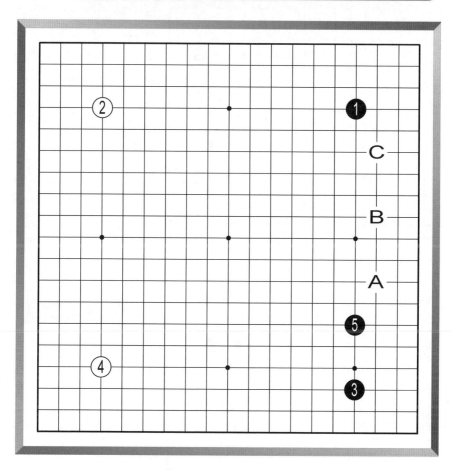

흑이 화점과 소목에 착점하고 두는 포석입니다. 흑5는 최근 유행하고 있는 귀굳힘입니다. 흑5의 두칸 굳힘에 대해 이후 백이 어떤 방법으로 대응해야 하는지 A~C를 중심으로 변화를 살펴보기로 하겠습니다.

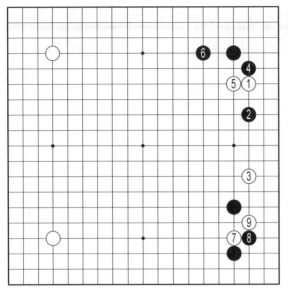

백은 1로 걸치는 것이 보통
입니다. 이후 흑2로 협공
한다면 백3으로 역습을 가
하는 것이 의미있는 작전
입니다. 계속해서 흑4로
마늘모 붙이고 이하 백9까
지 서로가 어려운 바둑이
됩니다.

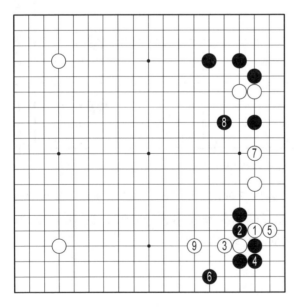

1도 이후의 예상되는 진행
입니다. 백1로 젖히면 흑은
2로 끊는 한수이며 백3 이
하 백9까지 서로가 앞을 내
다보기 힘든 전투 바둑이
됩니다.

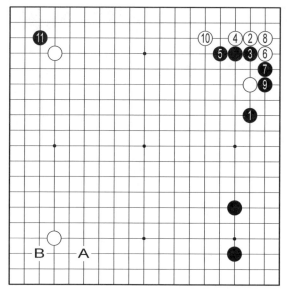

흑1 때 백2로 침투한 것은
간명을 기한 것이지만 이
하 흑11까지 백이 약간 불
만족스런 포석이 됩니다.
수순 중 흑11로는 A나 B에
두는 것도 유력합니다.

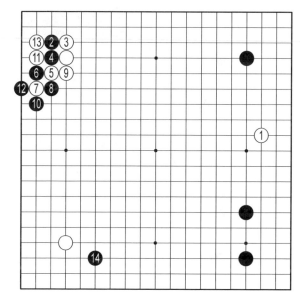

백1처럼 갈라치는 것은 좋
지 않습니다. 흑은 2로 3,
三에 들어가는 것이 유력
한 선택 중 하나입니다. 이
후 백3으로 막고 이하 흑
14까지의 진행은 흑이 유
리한 포석입니다.

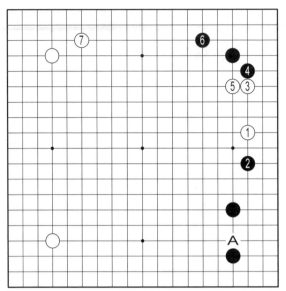

백1 때 흑2로 다가선 것은 백A의 노림을 미연에 방지한 것이지만 약간 느슨한 수입니다. 백이 3으로 걸친 후 이하 7까지 진행하면 충분히 둘 만한 포석이 되었습니다.

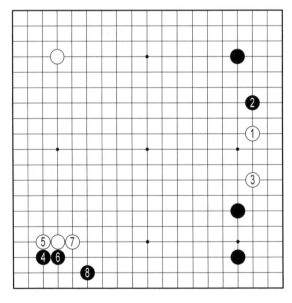

백1 때 흑2로 다가서는 것이 5도의 흑2보다 나은 선택입니다. 이후 백3으로 두칸 벌리고 흑4 이하 흑8까지가 예상되는 진행인데 흑이 약간 유리한 바둑입니다.

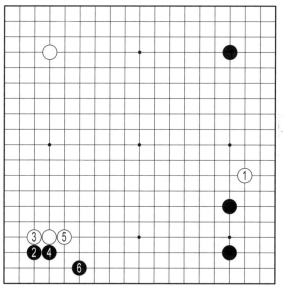

백은 변을 두고자 한다면 1 처럼 바짝 다가서는 것이 차라리 낫습니다. 백1에는 흑도 손을 빼서 두는 것이 올바르며 흑2 이하 6까지 가 예상되는 진행입니다.

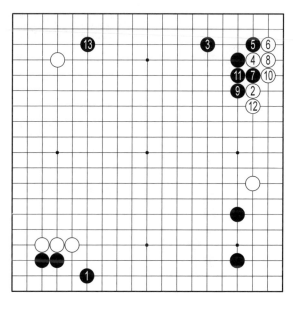

7도 이후 예상되는 후속 진 행입니다. 흑1로 두었을 때 백은 2로 걸치는 것이 보 통입니다. 이후 흑3으로 날일자하고 백4 이하 흑13 까지 흑이 기분 좋은 포석 입니다.

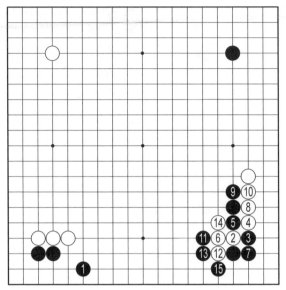

흑1 때 곧장 백2, 4를 결행
하는 것은 좋지 않습니다.
이후 흑5로 끊고 백6 이하
흑15까지의 진행은 흑이
우세합니다.

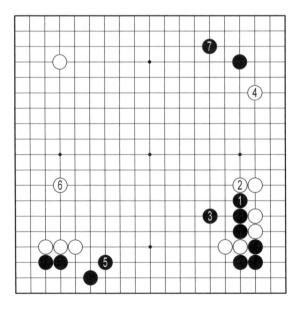

흑1 때 백2로 올라서는 변
화도 생각할 수 있습니다.
이때는 흑3으로 한칸 뛰는
것이 올바른 대응이며 백4
이하 흑7까지가 예상되는
진행입니다. 이 진행 역시
흑이 유리합니다.

걸침과 침투의 기로

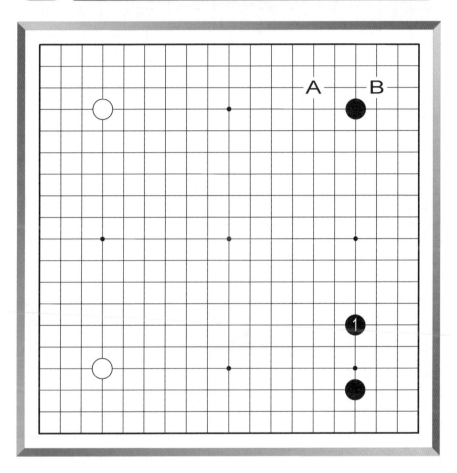

흑1로 귀를 굳혔을 때 백은 A 또는 B로 두는 작전도 가능합니다. 그럼 백이 A와
B를 두었을 때의 변화를 살펴보기로 하겠습니다.

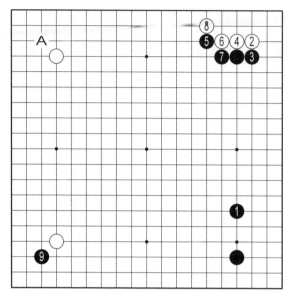

흑1 때 백2는 가장 무난한 선택입니다. 백2로 침투하면 흑3 이하 흑9까지가 예상되는 진행이며 서로가 둘 만한 포석입니다. 수순 중 흑9로는 A의 침투도 가능합니다.

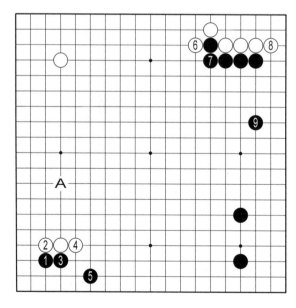

1도 이후의 후속 진행입니다. 흑1로 침투하면 백은 2, 4를 선수한 후 6, 8로 우상귀에 손을 돌리는 것이 좋습니다. 흑9로 벌리기까지 서로가 둘 만한 포석입니다. 수순 중 흑9로는 A에 두어서 적극적으로 국면을 이끄는 방법도 유력합니다.

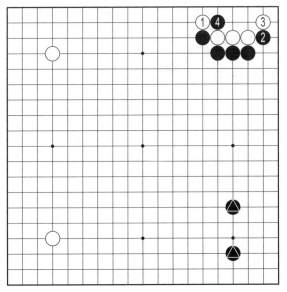

백1 때 흑2로 젖힌 후 4로 끊는 것은 흑▲의 귀굳힘이 있는 현재의 배석 관계상 좋지 않습니다.

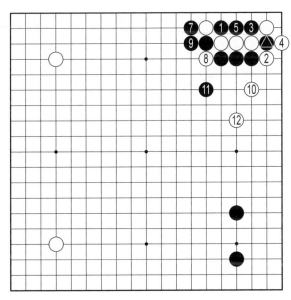

3도 이후 예상되는 진행입니다. 흑1로 끊으면 백2로 단수치고 이하 백12까지가 기본 정석입니다. 하지만 이 형태는 백돌들이 우하귀 흑의 두터움을 적절하게 견제하고 있는 모습이라 흑이 불리합니다.

(백⑥…흑▲)

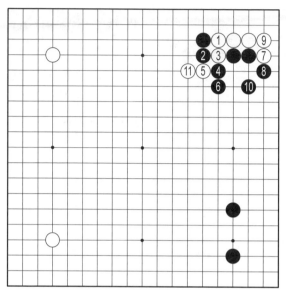

백1 때 흑2로 올라서서 버티는 것도 좋지 않습니다. 백은 3, 5로 절단한 후 이하 11까지 유리한 싸움을 할 수 있습니다.

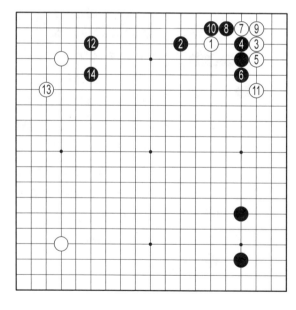

백은 1로 걸쳐서 둘 수도 있습니다. 흑은 2로 협공하는 것이 보통의 대응이며 백3으로 침투하고 흑4 이하 흑14까지가 예상되는 진행입니다. 이 포석은 서로가 둘 만합니다.

하변 방향을 중시하는 방법

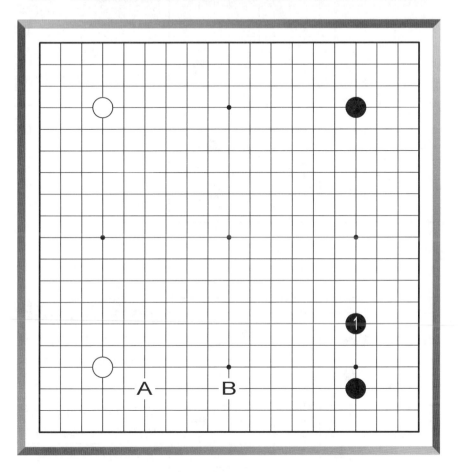

흑1로 귀를 굳혔을 때 백은 하변 방향을 중시하는 작전도 가능합니다. 그렇다면
A와 B 중에서 어떤 방법으로 흑의 귀굳힘을 견제해야 할까요?

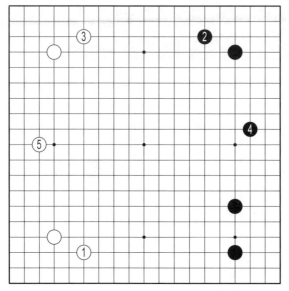

백은 하변 쪽을 둔다면 1로 귀를 굳히는 것이 올바른 선택입니다. 이후 흑2로 귀를 굳히고 백3 이하 5까지 서로가 집을 중시하는 바둑이 됩니다.

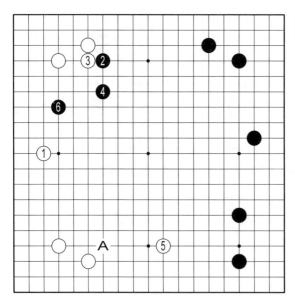

1도 이후의 진행입니다. 백1로 변을 벌리면 흑은 2로 어깨 짚어서 두는 것이 적절한 삭감수입니다. 이후 백3으로 받고 흑4 이하 백5, 흑6까지 서로가 둘 만한 포석입니다. 수순 중 흑2로는 A로 어깨 짚는 것도 유력합니다.

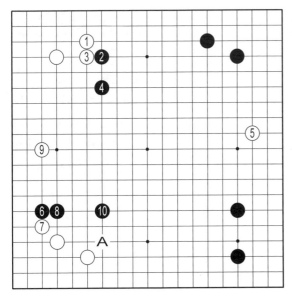

백1 때 흑은 곧장 2로 어
깨 짚어서 적극적인 삭감
작전으로 나서는 것도 유
력한 방법 중 하나입니다.
이후 백3으로 밀고 흑4 이
하 흑10까지 서로가 둘 만
한 포석입니다. 수순 중 흑
2로는 A로 어깨 짚은 것도
가능합니다.

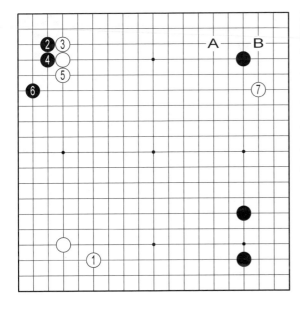

백1 때 흑은 2로 침투해서
먼저 실리를 차지하는 작
전도 가능합니다. 이후 백
3으로 막고 이하 백7까지
호각의 갈림입니다. 수순
중 백7로는 A나 B에 두는
것도 가능합니다.

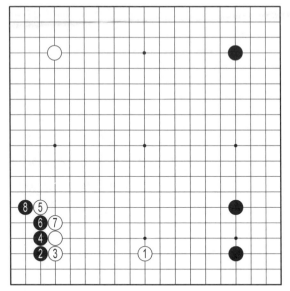

백1로 하변에 벌리는 것은 좋은 선택이 아닙니다. 흑은 곧장 2로 침투하는 것이 좋은 수이며 이하 흑8까지 손쉽게 귀의 실리를 차지할 수 있어서 만족입니다.

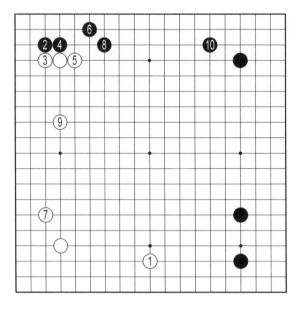

백1 때 흑은 2로 침투하는 것도 가능합니다. 이후 백3으로 막고 이하 흑10까지가 예상되는 진행인데 흑의 실리가 돋보이는 바둑입니다.

눈목자 굳힘과 활용수

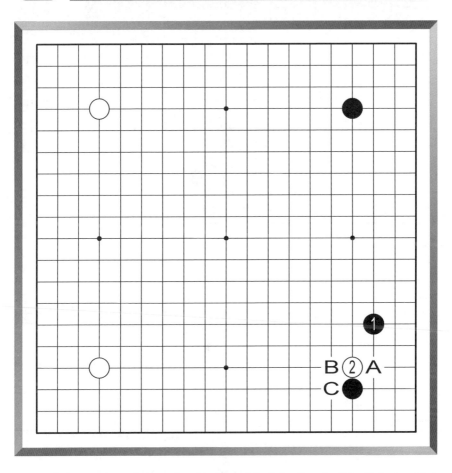

흑은 1처럼 눈목자로 귀를 굳히고 둘 수도 있습니다. 흑1 때 백은 곧장 2로 붙여서 활용하는 수가 성립합니다. 그렇다면 이후 흑이 A~C로 받는 방법에 대한 변화를 살펴보기로 하겠습니다.

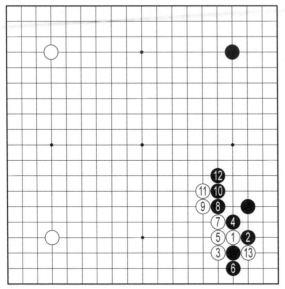

백1로 붙였을 때 흑2로 받는 것은 가장 기본적인 응수입니다. 계속해서 백은 3으로 되젖히는 것이 적절한 행마법이며 흑4 이하 흑12까지가 기본형입니다. 이후 백13으로 끊은 수가 의미 있는 응수타진입니다.

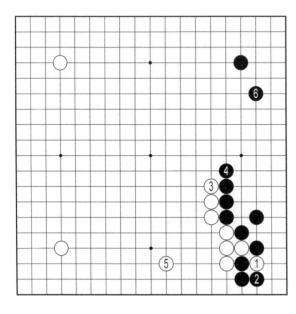

1도 이후의 진행입니다. 백1로 끊으면 흑2로 단수치는 것이 당연한 반발입니다. 이후 백3으로 밀고 흑4, 백5까지 서로가 둘 만한 포석입니다.

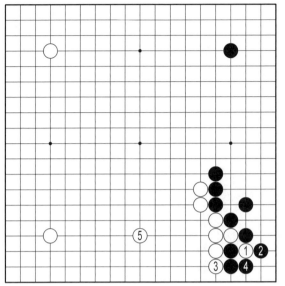

백1 때 흑2로 단수치는 것
은 좋지 않습니다. 백은 3
으로 막는 것이 기분 좋은
선수 활용입니다. 흑4 때
백5로 벌리면 백이 우세한
바둑입니다.

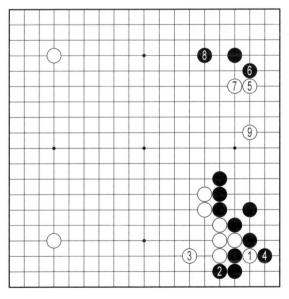

백1 때 흑2, 백3을 선수한
후 흑4로 단수치는 변화도
생각할 수 있습니다. 이후
백5로 걸치고 흑6 이하 백
9까지가 예상되는 진행인
데 백이 약간 유리한 갈림
입니다.

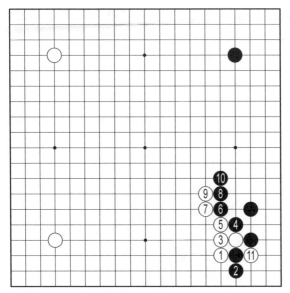

백1 때 흑은 2로 내려서는 변화도 가능합니다. 이후 백3으로 잇고 흑4 이하 백11까지의 진행이라면 1도의 기본 형태로 환원된 모습입니다.

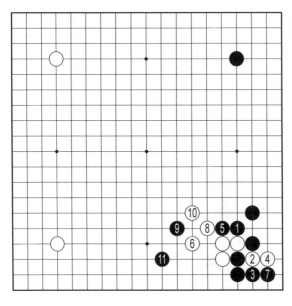

흑1 때 백2로 끊는 것은 약간 성급합니다. 이후 흑3으로 단수치고 백4 이하 흑11까지가 예상되는 진행인데 흑이 기분 좋은 흐름입니다.

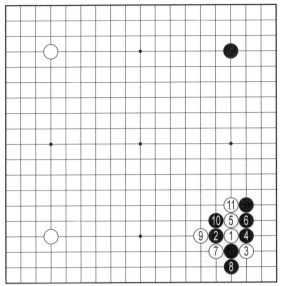

백1 때 흑은 2로 젖혀서 두는 변화도 가능합니다. 백은 3으로 되젖혀서 두는 것이 기세의 한수이며 흑4 이하 백11까지는 필연적인 진행입니다.

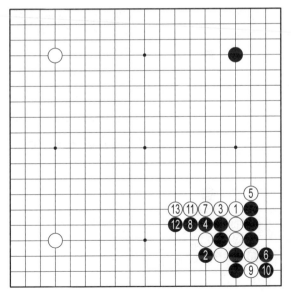

7도 이후의 진행입니다. 백1로 두면 흑은 2로 보강할 수밖에 없습니다. 이후 백3으로 단수치고 흑4 이하 백13까지가 예상되는 진행인데 서로가 둘 만합니다.

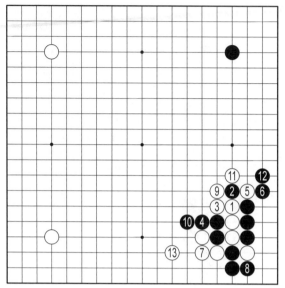

백1 때 흑2로 단수친 후 4로 나가는 것은 좋은 선택이 아닙니다. 이후 백5로 끊고 흑6 이하 백13까지가 예상되는 진행인데 백이 약간 유리한 갈림입니다.

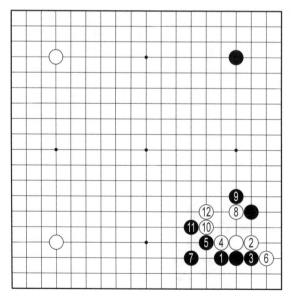

흑1로 뻗는 것은 느슨한 선택입니다. 백은 2로 두는 것이 좋은 대응으로 흑3에는 백4 이하 12까지 처리해서 유리한 결과를 이끌어 낼 수 있습니다.

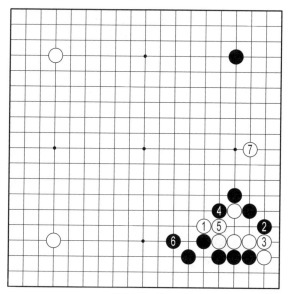

백1 때 흑2를 선수한 후 4
로 단수치는 변화도 생각
할 수 있습니다. 하지만 백
5 때 흑6이 불가피한 만큼
백7로 다가서면 흑이 불리
합니다.

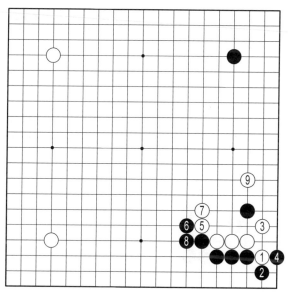

백1 때 흑2로 젖힌다면 백
은 3으로 호구치는 것이
좋은 대응입니다. 이후 흑
4로 단수치고 백5 이하 9
까지가 예상되는 진행인데
백이 유리합니다.

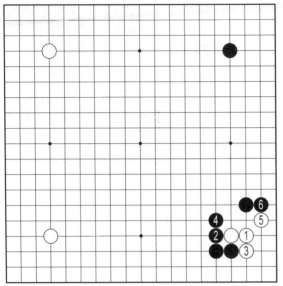

백1 때 흑은 2로 막고 두는 변화도 생각할 수 있습니다. 이때 백3으로 삶에 연연하는 것은 좋지 않습니다. 흑4, 백5까지의 결과는 백이 불리합니다.

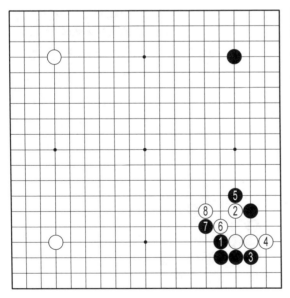

흑1에는 백2로 붙여서 응수해야 합니다. 이후 흑3으로 두고 백4 이하 8까지의 진행은 백이 우세합니다.

걸침에 대한 대응

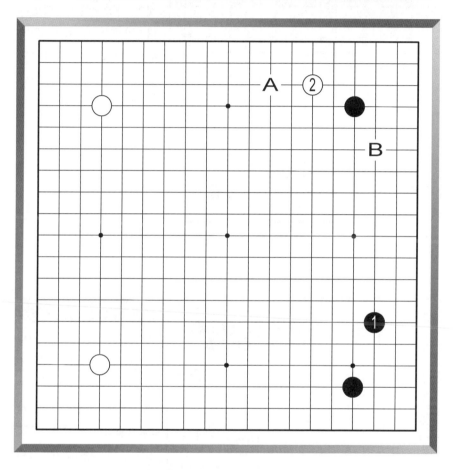

흑1로 귀를 굳혔을 때 백은 2로 걸칠 수도 있습니다. 이후 흑은 A와 B를 생각할 수 있는데 각각의 변화를 살펴보기로 하겠습니다.

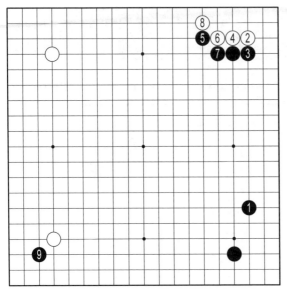

흑1에는 백2로 침투하는 것이 가장 쉬운 선택입니다. 이후 흑3으로 막고 백4 이하 흑9까지가 예상되는 진행인데 서로가 둘 만한 바둑입니다.

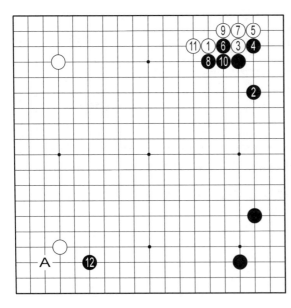

백은 1로 걸쳐서 두는 것도 가능합니다. 이후 흑2로 받고 백3 이하 흑12까지가 예상되는 진행인데 호각의 갈림입니다. 수순 중 흑12는 A의 침투도 가능합니다.

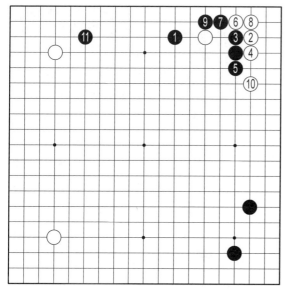

흑1로 협공하는 선택도 가
능합니다. 백2는 가장 알
기 쉬운 선택으로 흑3 이
하 흑11까지 서로가 둘 만
한 포석입니다.

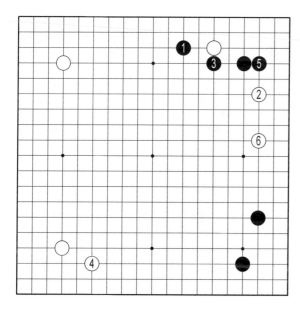

흑1 때 백은 2로 양걸침하
는 변화도 가능합니다. 이
후 흑3으로 붙였을 때 손
을 빼서 4로 귀를 굳히는
것이 발 빠른 수법입니다.
계속해서 흑5로 지키고 백
6으로 벌려서 서로가 둘 만
한 바둑입니다.

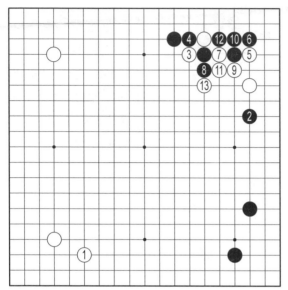

백1 때 흑2로 협공하는 것
도 생각할 수 있습니다. 이
후 백은 3으로 젖힌 후 5로
붙이는 것이 적절한 대응
입니다. 계속해서 흑6으로
막고 백7 이하 백13까지가
예상되는 진행인데 서로가
둘 만한 바둑입니다.

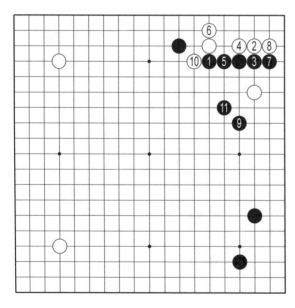

흑1 때 곧장 백2로 움직이
는 것은 좋지 않습니다. 흑
은 3으로 막은 후 이하 11
까지 두텁게 처리해서 만
족입니다.

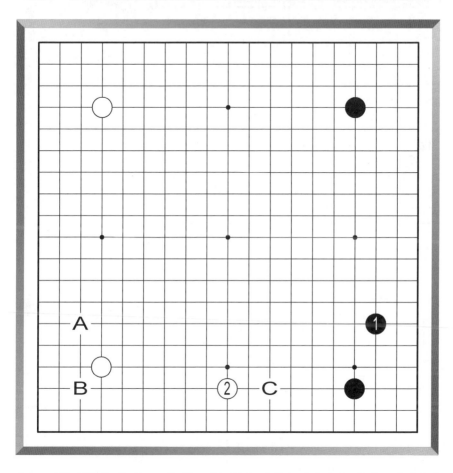

흑1로 귀를 굳혔을 때 백2로 벌리는 것은 좋은 선택이 아닙니다. 예전 포석이라면 백2가 상식적인 수이지만 AI 포석에서는 좋은 평가를 받지 못하고 있습니다. 이후 흑의 다음 응수를 A~C를 중심으로 살펴보기로 하겠습니다.

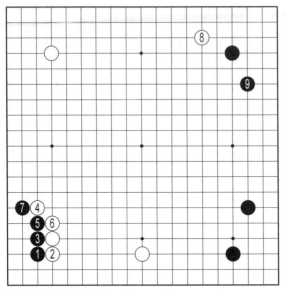

흑1로 침투하면 가장 무난
한 선택입니다. 이후 백2
로 막고 흑3 이하 흑9까지
가 예상되는 진행인데 흑
이 기분 좋은 포석입니다.

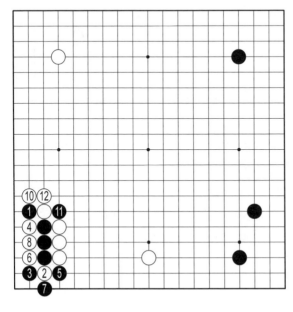

흑1 때 곧장 백2로 젖히는
것은 의문입니다. 이후 흑
3으로 젖히고 백4 이하 백
12까지는 상식적인 진행입
니다.

(흑❾…백②)

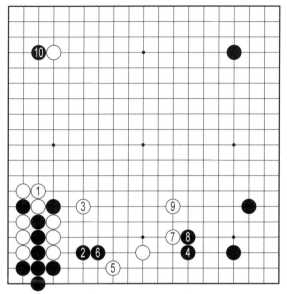

2도 이후의 진행입니다. 백1로 이으면 흑은 2를 선수한 후 4로 다가서서 백 한점을 공격하는 것이 좋은 수순입니다. 이후 백5로 두고 흑6 이하 백9까지 형태가 일단락됩니다. 하지만 선수를 취한 흑이 10으로 큰 곳에 선행하면 흑이 앞서는 바둑입니다.

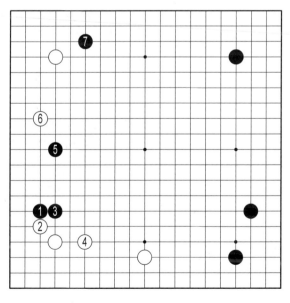

흑은 1로 걸치는 선택도 가능합니다. 이후 백2로 마늘모 붙이고 흑3 이하 흑7까지 서로가 둘 만한 바둑입니다.

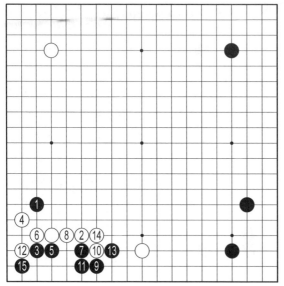

흑1 때 백은 2로 한칸 뛰어서 두는 변화도 생각할 수 있습니다. 이후 흑3으로 침투하고 백4 이하 흑15까지가 예상되는 진행인데 흑이 약간 유리한 바둑입니다.

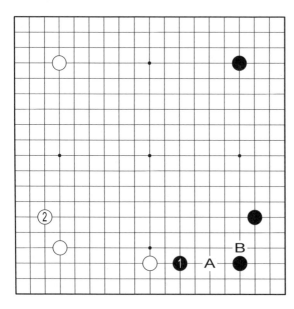

흑1로 다가서는 것은 생각이 짧은 수입니다. 백은 2로 날일자해서 귀를 굳히는 것이 좋은 선택입니다. 이후 흑 모양엔 A와 B의 약점이 남아 있습니다. 하지만 전체적으로는 서로가 둘 만한 바둑입니다.

한칸 굳힘

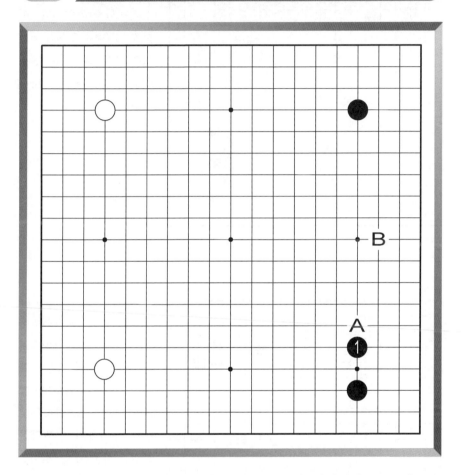

소목의 귀굳힘으로 두칸 굳힘, 눈목자 굳힘과 더불어 흑1처럼 한칸으로 굳히는 수가 많이 두어지고 있습니다. 그럼 흑1에 대해 백의 다음 응수를 A와 B를 중심으로 살펴보기로 하겠습니다.

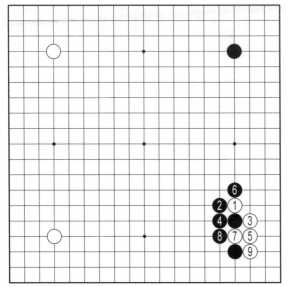

백은 곧장 1로 붙여가는 것
이 가능한 작전입니다. 이
후 흑2로 젖히고 백3 이하
백9까지가 예상되는 진행
인데 서로가 둘 만한 바둑
입니다.

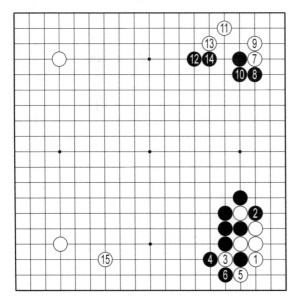

1도 이후의 후속 진행입니
다. 백1로 두면 흑은 2로
따내는 것이 좋습니다. 계
속해서 백3으로 단수치고
이하 백15까지가 생각할
수 있는 기본 포석입니다.
이 진행은 서로가 팽팽한
바둑입니다.

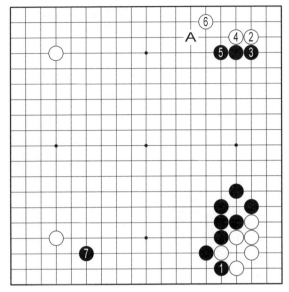

흑1 때 백2로 3, 三에 침투하는 것은 약간 의문입니다. 흑은 3으로 막고 백4, 6 때 흑7로 손을 돌려서 유리한 포석으로 이끌 수 있습니다. 수순 중 흑7로는 A로 어깨 짚는 수도 유력합니다.

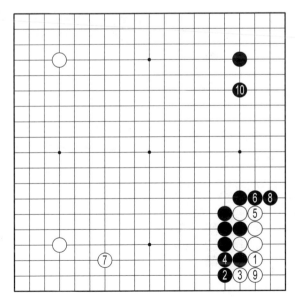

백1 때 흑2로 호구쳐서 두는 것은 좋은 선택이 아닙니다. 이후 백3으로 단수치고 흑4 이하 흑6까지 진행되었을 때 백은 손을 빼서 7로 귀를 굳히는 것이 좋은 선택입니다. 흑8, 백9까지의 진행은 백이 유리합니다.

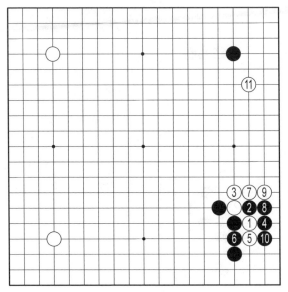

백1 때 흑2, 4로 단수쳐서 변화를 모색하는 것은 좋지 않습니다. 백은 5로 나간 후 이하 흑10까지 백 두 점을 사석으로 처리하는 것이 좋은 선택입니다. 선수를 취해서 백11로 걸치면 백이 유리한 바둑입니다.

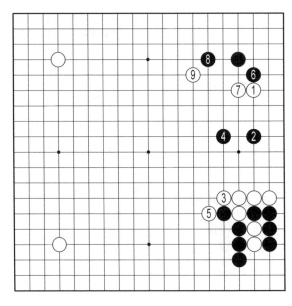

5도 이후의 진행입니다. 백1로 걸치면 흑2로 협공하는 수가 일감으로 떠오릅니다. 하지만 백이 3으로 민 후 이하 9까지 처리하고 나면 흑은 좋은 결과를 기대하기가 어렵습니다.

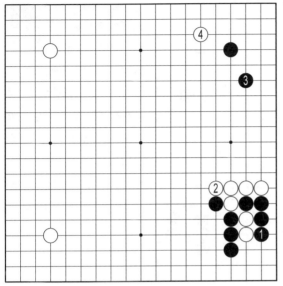

흑1 때 백은 두텁게 2로 밀어가는 수도 가능합니다. 이후 흑3으로 귀를 굳히고 백4로 걸치기까지 서로가 둘 만한 바둑입니다.

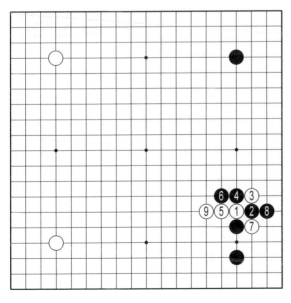

백1 때 흑은 2로 젖혀서 두는 변화도 가능합니다. 백도 3으로 되젖혀서 두는 것이 적절한 대응이며 흑4 이하 백9까지는 필연적인 진행입니다.

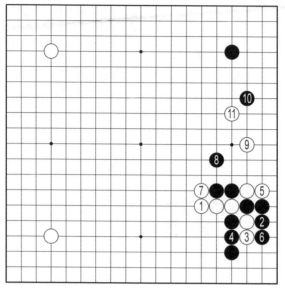

8도 이후의 진행입니다. 백1로 뻗으면 흑은 2로 단수칠 수밖에 없습니다. 계속해서 백3으로 나가고 흑4 이하 흑8까지는 상용의 진행입니다. 이후 백9로 벌리고 흑10, 백11까지 서로가 어려운 바둑입니다.

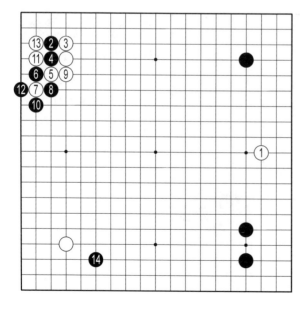

백1로 갈라치는 것은 너무 느슨해서 찬성하기 힘든 선택입니다. 이후 흑2로 침투한 것은 가장 무난한 선택이며 백3 이하 흑14까지 흑이 앞서는 바둑입니다.

3, 三 침투와 막는 방향

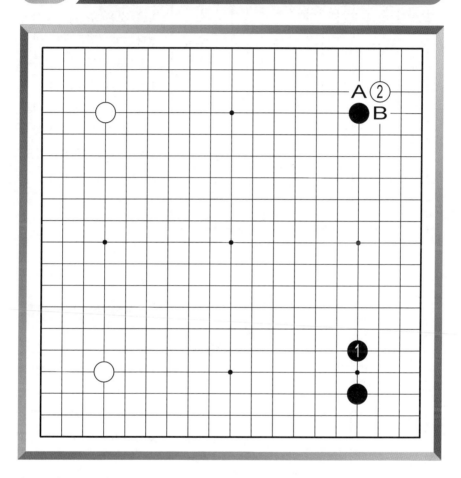

흑1로 귀를 굳혔을 때 백은 2로 3, 三에 침투해서 실리를 중시하는 작전도 가능합니다. 백2로 침투하면 흑은 A와 B 중 어느 쪽으로 막을 것인지가 관건인데 각각의 변화를 살펴보기로 하겠습니다.

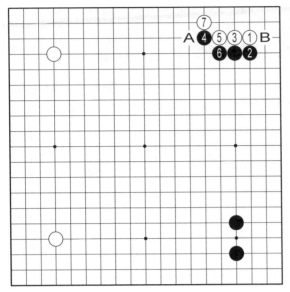

백1로 침투했을 때 흑2로 막은 것은 우변을 중시하겠다는 의도입니다. 이후 백3으로 두고 이하 백7까지는 기본 정석입니다. 백7 이후 흑은 A와 B, 그리고 손을 빼서 큰 곳에 두는 것까지 세 가지 응수 방법을 생각할 수 있습니다.

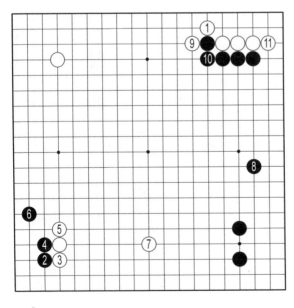

백1 때 흑은 2처럼 큰 곳에 선행하는 것이 가장 적절한 선택입니다. 이후 백3으로 막고 이하 백11까지 호각의 바둑입니다.

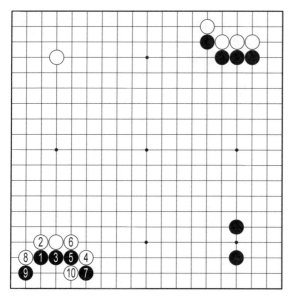

흑1 때 백은 2로 막은 후 이하 10까지 처리해서 하변을 중시하는 작전도 가능합니다.

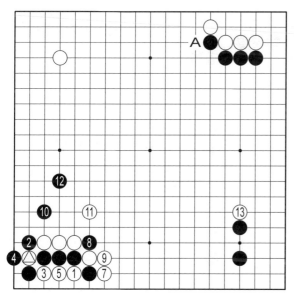

3도 이후의 진행입니다. 백1로 끊으면 흑2로 단수 치고 이하 흑12까지는 기본 정석입니다. 선수를 취한 백이 13으로 붙여서 우변을 견제하면 이 역시 서로가 둘 만한 포석입니다. 수순 중 백13으로는 A로 단수치는 것도 유력합니다.

(흑❻…백△)

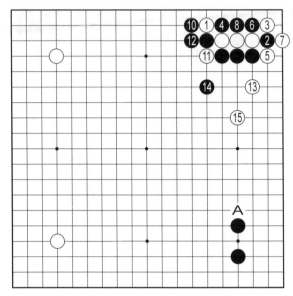

백1 때 흑2로 젖힌 후 4로 끊어서 상변을 중시하는 변화는 흑이 좋지 않습니다. 이후 백5로 단수치고 이하 백15까지 진행되고 나면 아래쪽 흑의 한칸 굳힘의 위력이 대폭 줄어들어서 흑이 좋지 않습니다. 수순 중 백15는 A로 붙이는 것도 유력합니다.

(백⑨…흑❷)

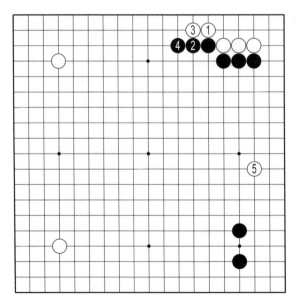

백1 때 흑2로 뻗는 것은 너무 느슨한 응수입니다. 백은 3으로 민 후 5로 갈라치는 것이 좋은 선택으로 흑이 실속 없는 결과입니다.

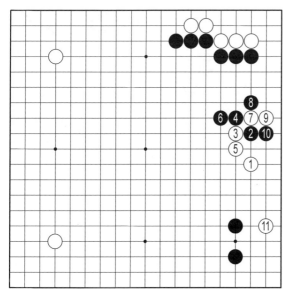

6도 이후의 진행입니다. 백1 때 흑2로 다가선다면 백은 3으로 붙이는 것이 좋은 선택입니다. 계속해서 흑4로 젖히고 백5 이하 백11까지의 진행은 백이 유리합니다.

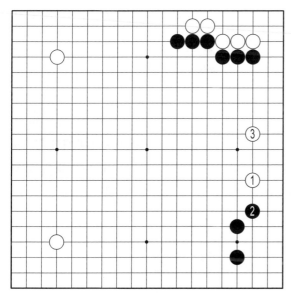

백1 때 흑2로 받는다면 백3으로 두칸 벌려서 위쪽의 흑 세력이 쓸모없게 됩니다.

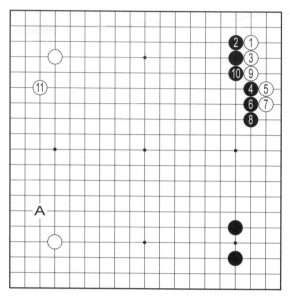

백1 때 흑2로 막고 둘 수도 있지만 이하 흑10까지 선수한 후 백11로 귀를 굳혀서 백의 기분 좋은 포석이 됩니다. 수순 중 백11로는 A의 귀굳힘도 가능합니다.

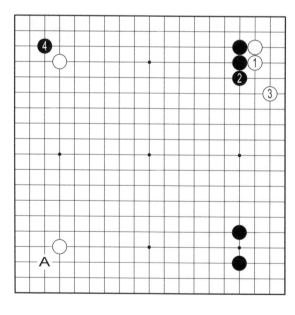

백1 때 흑은 2로 뻗는 수도 생각할 수 있습니다. 계속해서 백은 3으로 날일자하는 것이 좋습니다. 흑이 4 또는 A로 침투해서 실리를 차지하게 되는데 호각의 바둑입니다.

느슨한 날일자 굳힘

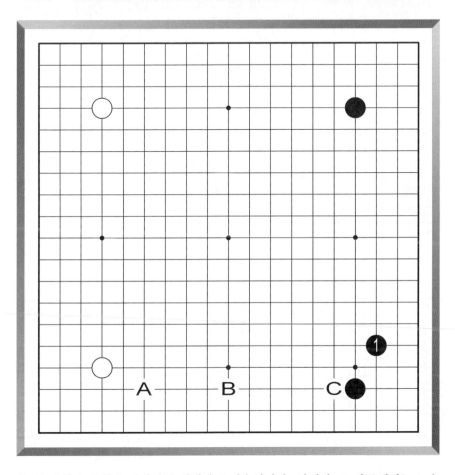

흑1의 날일자 굳힘은 예전에 유행했던 굳힘수입니다. 하지만 AI 바둑에서는 느슨한 굳힘수로 인식되어 잘 두지 않는 경향이 있습니다. 흑1로 굳혔을 때 백이 하변을 의식한다면 A~C 등 세 가지를 생각할 수 있는데 각각의 변화를 살펴보기로 하겠습니다.

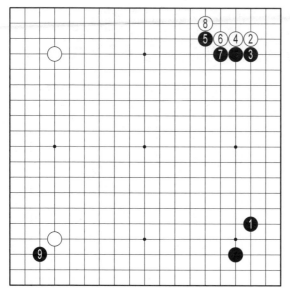

흑1로 귀를 굳히면 백은 하변을 의식하지 않고 2로 침투하는 것이 보통입니다. 이후 흑3으로 막고 이하 흑9까지가 예상되는 진행인데 백이 약간 기분 좋은 포석입니다.

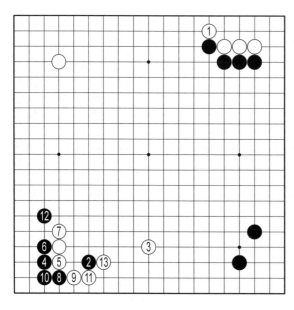

백1 때 흑2로 걸치는 것은 백3의 협공이 제격입니다. 이후 흑4로 침투한다면 백5로 막은 후 이하 13까지 두터움을 확립해서 백이 두터운 바둑입니다.

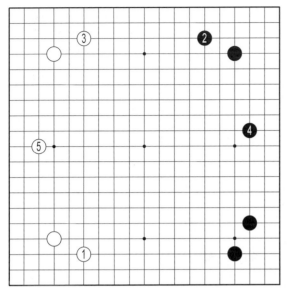

장면도로 돌아가서 백이 하변을 중시하고자 한다면 1처럼 귀를 굳히는 것이 보통입니다. 이후 흑도 2로 귀를 굳히고 이하 백5까지 집바둑이 되는데 호각의 포석입니다.

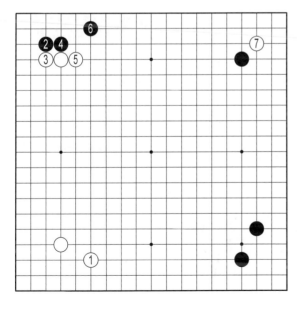

백1 때 흑은 2로 침투해서 두는 작전도 가능합니다. 이후 백3으로 막고 이하 백7까지가 예상되는 진행인데 이 역시 서로가 둘 만합니다.

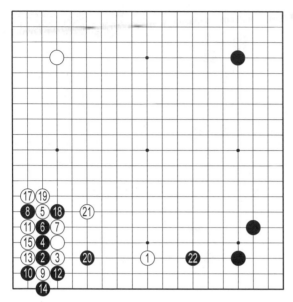

백1처럼 하변에 벌리는 것
은 좋지 않습니다. 흑은 곧
장 2로 침투하는 것이 좋
습니다. 계속해서 백3으로
막고 흑4 이하 흑22까지가
예상되는 진행인데 흑이
앞서는 바둑입니다.

(흑⑯…백⑨)

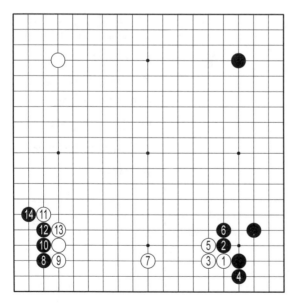

백1로 붙이는 수는 예전에
유행했던 수단입니다. 하
지만 흑이 2로 젖힌 후 이
하 백7까지 진행되었을 때
8로 침투하는 수순이 좋아
서 백은 실속이 없습니다.

방향을 바꾼 두칸 굳힘

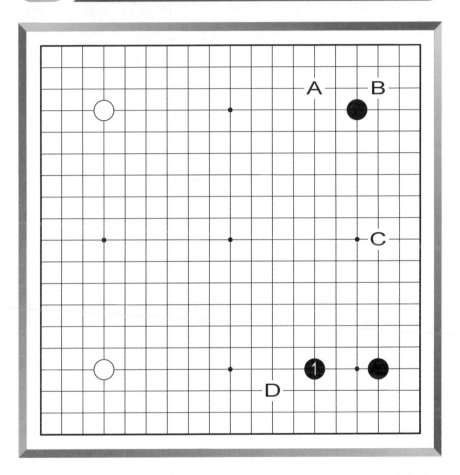

흑이 1로 두칸 굳힘을 한 모습입니다. 장면 1의 포석과 다른 점은 귀굳힘의 방향
이 다르다는 것입니다. 흑1로 귀를 굳히면 백의 응수는 A에서 D까지 네 가지를
생각할 수 있는데 각각의 변화를 살펴보기로 하겠습니다.

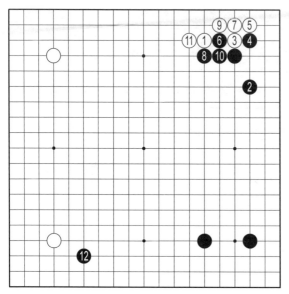

백은 1로 걸치는 것이 보통
입니다. 이후 흑2로 받고
이하 흑12까지 평범한 포
석입니다.

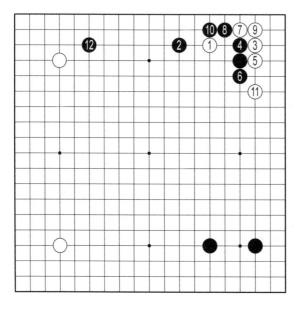

백1 때 흑은 2로 협공하는
선택도 가능합니다. 이후
백3으로 침투하고 이하 흑
12까지 이 역시 서로가 둘
만한 포석입니다.

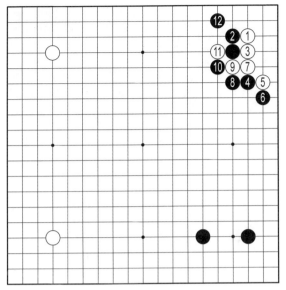

백은 곧장 1로 침투해서 두
는 작전도 가능합니다. 이
후 흑2로 막고 백3 이하 흑
12까지 복잡한 전투가 벌
어지는 진행을 예상할 수
있습니다.

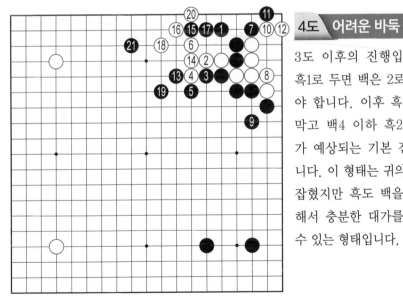

3도 이후의 진행입니다.
흑1로 두면 백은 2로 뻗어
야 합니다. 이후 흑3으로
막고 백4 이하 흑21까지
가 예상되는 기본 진행입
니다. 이 형태는 귀의 흑이
잡혔지만 흑도 백을 압박
해서 충분한 대가를 얻을
수 있는 형태입니다.

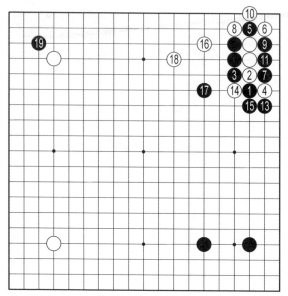

흑1 때 백은 2로 치받아서 두는 변화도 가능합니다. 계속해서 흑3으로 막고 백 4로 젖혔을 때 흑은 5로 젖히는 것이 좋은 수순입니다. 이후 백6으로 젖히고 이하 흑19까지가 예상되는 진행인데 흑의 실리가 돋보이는 바둑입니다.

(백⑫…흑❺)

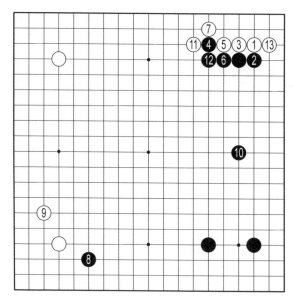

백1 때 흑은 2로 막고 두는 작전도 가능합니다. 흑2로 막는다면 백3으로 두고 이하 백13까지가 예상되는 진행인데 호각의 포석입니다.

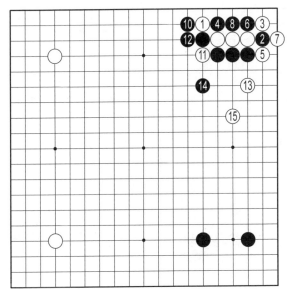

백1 때 흑2로 젖힌 후 4로
끊은 것은 상변을 중시하
겠다는 의도이지만 우하귀
돌의 배석 관계상 흑의 잘
못된 선택입니다. 이후 백
5로 단수치고 이하 백15까
지의 결과는 흑이 불리합
니다.
(백⑨…흑❷)

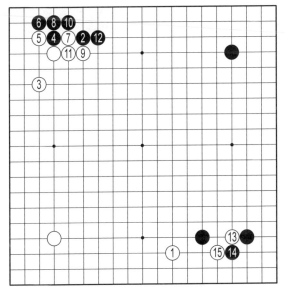

백은 1로 바짝 다가서서 흑
의 두칸 굳힘의 약점을 노
릴 수도 있습니다. 이후 흑
2로 걸치고 백3 이하 흑12
까지 진행되었을 때 백13,
15가 백의 노림입니다.

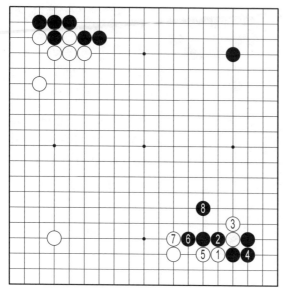

8도 이후의 진행입니다. 백1로 젖히면 흑은 2로 단수친 후 4로 연결해야 합니다. 계속해서 백5로 밀고 흑6, 8까지 예상되는 진행인데 서로가 둘 만한 바둑입니다. 이후 백은 좌하귀를 굳히거나 우상귀 흑의 3, 三에 침투하는 바둑이 예상됩니다.

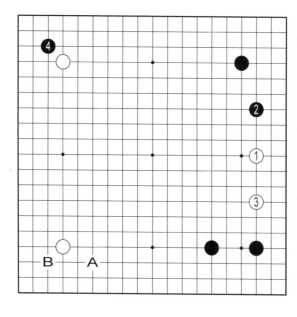

백1처럼 갈라치는 것은 좋지 않습니다. 흑은 2로 다가선 후 백3 때 흑4로 실리를 차지하는 것이 좋은 작전입니다. 흑4로는 A나 B에 두어도 우세를 확립할 수 있습니다.

제4장

소목 화점 병행 포석

미니 중국식 포석

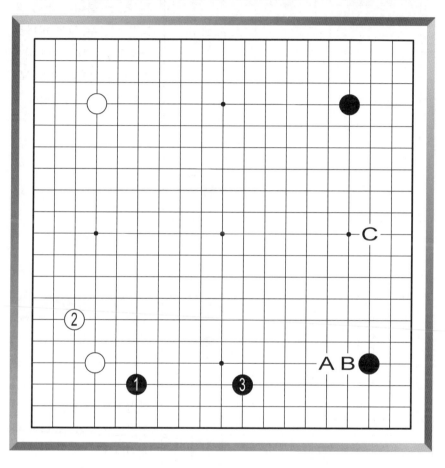

흑1로 걸친 후 백2 때 흑3으로 벌리는 수는 예전 미니 중국식 포석으로 불렸던 포진입니다. 하지만 AI 바둑에서는 크게 위력을 발휘하지 못하는 포진이 되었습니다. 그럼 백의 다음 응수를 A~C를 중심으로 살펴보기로 하겠습니다.

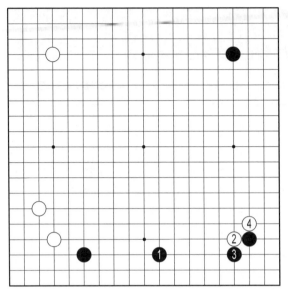

흑1의 미니 중국식 포진에
는 백2로 붙이는 것이 유
력한 대응수 중의 하나로
부각되었습니다. 계속해서
흑3에는 백4로 되젖히는
것이 적절한 대응입니다.

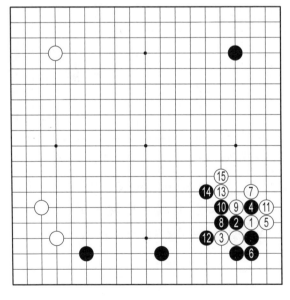

1도 이후의 진행입니다. 백
1로 되젖히면 흑2로 단수
치고 백3 이하 백15까지가
예상되는 진행입니다. 이
결과는 서로가 둘 만한 바
둑입니다.

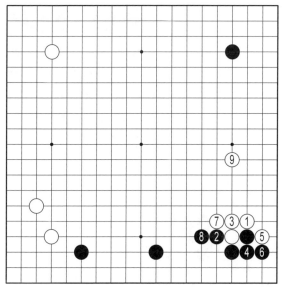

백1 때 흑2로 단수친 후 4
에 잇는 것은 너무 나약한
응수입니다. 백은 5로 젖
힌 후 백7, 9로 처리해서
우세를 확립할 수 있습니
다.

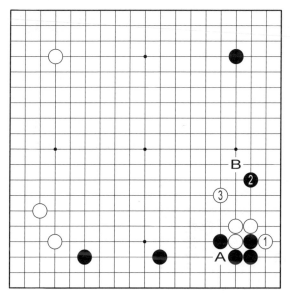

백1 때 흑2로 다가서는 변
화도 생각할 수 있습니다.
하지만 백이 3으로 날일자
해서 두는 수가 좋아서 흑
2는 좋은 결과를 기대할
수 없는 수입니다. 백3 이
후 백은 A와 B를 맞보기입
니다.

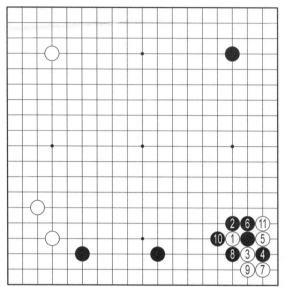

백1 때 흑2로 젖히는 수도
좋은 선택이 아닙니다. 백
은 3으로 절단한 후 이하
11까지 실속을 챙겨서 대만
족입니다.

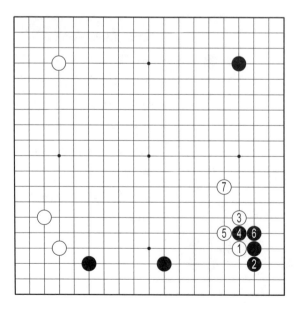

백1 때 흑2로 내려서는 수
도 좋은 평가를 받지 못하
고 있습니다. 백은 3으로
한칸 뛴 후 흑4, 6 때 7로
날일자해서 충분합니다.

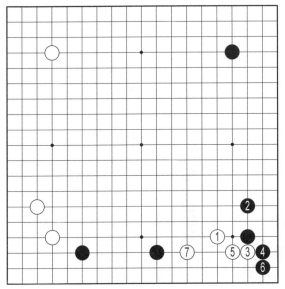

백은 1도처럼 붙여서 두는 것보다는 단순하게 1로 걸치는 것이 더욱 유력합니다. 이후 흑2로 받는다면 백3으로 붙인 후 이하 7까지 손쉽게 안정할 수 있습니다.

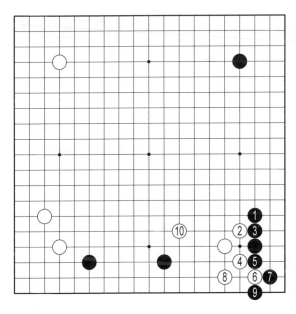

흑1 때 백은 2로 들여다보는 변화도 가능합니다. 흑은 3으로 연결할 수밖에 없는데 백4, 6을 선수한 후 이하 10까지 가볍게 형태를 정비할 수 있습니다.

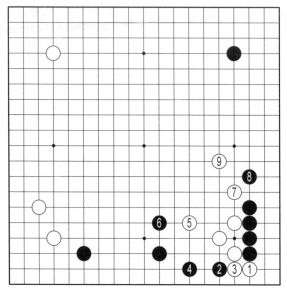

8도의 수순 중 백1 때 흑2
로 들여다보는 변화도 생
각할 수 있습니다. 이후 백
3으로 연결하고 흑4 이하
백9까지가 예상되는 진행
인데 이 역시 백이 유리합
니다.

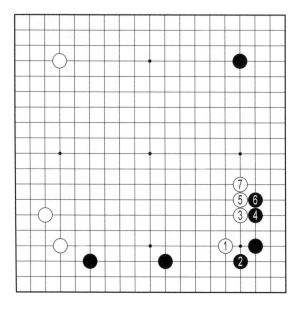

백1 때 흑2로 둔다면 백3
으로 씌우는 것이 좋습니
다. 이후 흑4로 붙이고 백
5, 7까지의 진행 역시 백이
우세한 결과입니다.

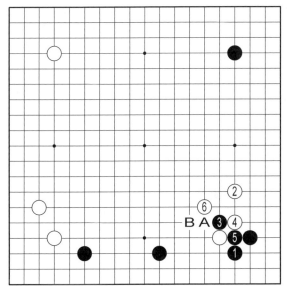

흑1 때 백은 2로 눈목자해
서 두는 변화도 유력합니
다. 계속해서 흑3, 5로 절
단을 시도해도 백에겐 6으
로 씌워서 형태를 정비하
는 수가 준비되어 있습니
다. 이후 흑A에는 백B로
젖혀서 충분합니다.

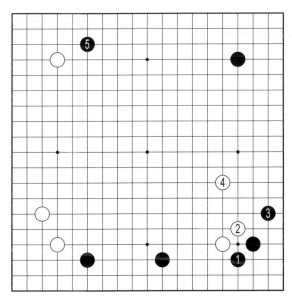

흑1 때 백2로 두는 것은 너
무 둔탁한 행마입니다. 흑
3 때 백은 4로 보강하는 정
도인데 흑5로 걸쳐서 백이
불만족스런 포석입니다.

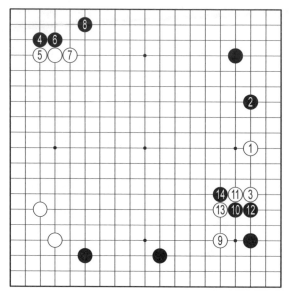

백1로 갈라치는 것은 의문입니다. 흑은 2로 다가선후 백3 때 4로 손을 돌리는것이 좋습니다. 이후 흑8까지 진행되었을 때 백9로걸친다면 흑10 이하 14까지 전투를 유도해서 흑이유리합니다.

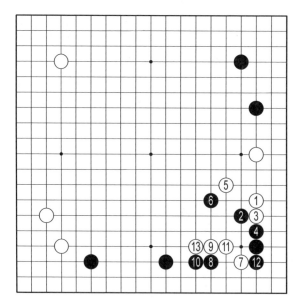

백1 때 흑은 곧장 2로 둘수도 있지만 백이 3, 5로모양을 잡는 것이 좋은 대응이어서 좋은 결과를 기대할 수는 없습니다. 이후흑이 6으로 날일자해서 하변을 크게 키워도 백은 7로침투한 후 이하 13까지 수습이 가능합니다.

날일자 걸침과 대응

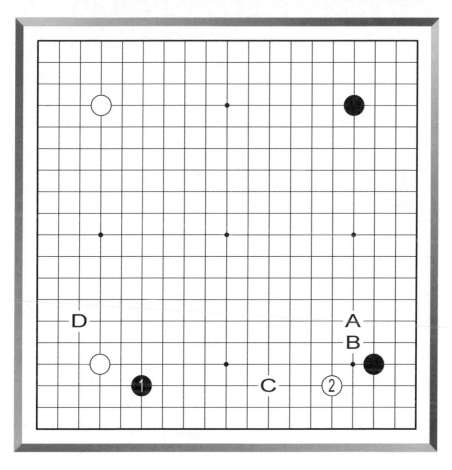

흑1로 걸쳤을 때 백은 귀를 받지 않고 2처럼 적극적으로 소목에 걸치는 것이 유력한 수법 중의 하나입니다. 백2로 걸치면 흑은 A~D까지를 예상할 수 있는데 각각의 변화를 검토해 보도록 하겠습니다.

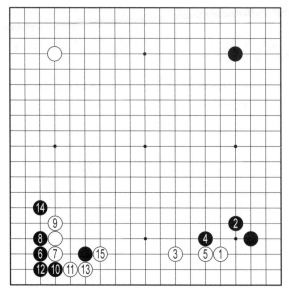

백1로 걸치면 흑은 2로 받는 것이 가장 무난한 응수입니다. 이후 백3으로 두 칸 벌리고 흑4 이하 백15까지가 예상되는 진행인데 서로가 둘 만하지만 백을 잡고 싶은 바둑입니다.

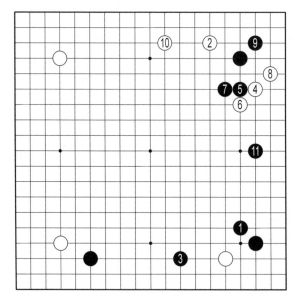

흑1 때 백은 2로 걸치는 수도 가능합니다. 흑이 3으로 공격한다면 또 다시 손을 빼서 4로 양걸침하는 것이 좋습니다. 이후 흑5로 붙이고 이하 흑11까지가 예상되는 진행인데 서로가 둘 만한 바둑입니다.

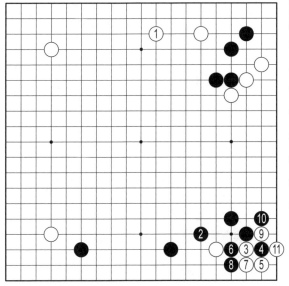

백1 때 흑은 두텁게 2로 씌워서 두는 수도 생각할 수 있습니다. 백은 3으로 붙인 후 흑4 때 5로 되젖히는 것이 좋은 수습법입니다. 이후 흑6으로 단수치고 이하 백11까지의 결과는 백의 대성공입니다.

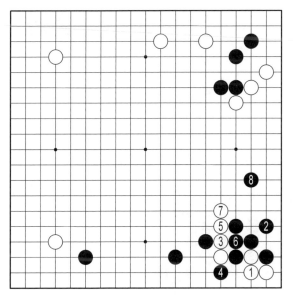

백1 때 흑은 2로 호구쳐서 두는 정도입니다. 이후 백3, 5에는 흑4, 6으로 버티는 수가 있습니다. 백7로 뻗을 때 흑8로 눈목자하면 서로가 둘 만한 바둑입니다.

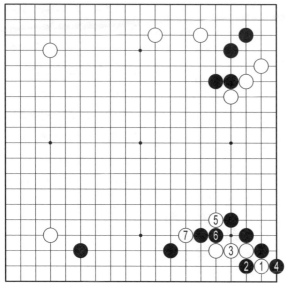

백1 때 흑2, 4로 단수친다면 백은 5를 선수한 후 7로 붙이는 절묘한 맥점을 준비하고 있습니다.

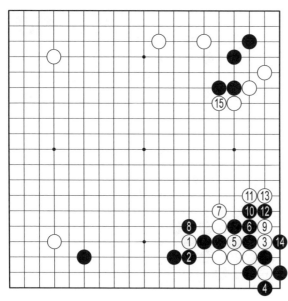

5도 이후의 진행입니다. 백1로 붙이면 흑은 2로 막아야 하는데 백3으로 단수친 후 이하 흑14까지 사석 작전을 펼치는 것이 절묘합니다. 선수를 취해서 백15로 백이 우세한 바둑입니다.

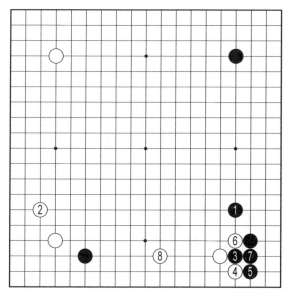

흑은 1처럼 날일자로 받을 수도 있습니다. 계속해서 백은 2로 귀를 받는 것이 좋습니다. 이후 흑3으로 마늘모 붙인 것은 백을 무겁게 만들어서 공격하겠다는 뜻이지만 백4, 6으로 선수 처리한 후 8로 벌리는 수가 좋아서 흑이 불리합니다. 결국 흑3은 성급한 수라는 결론입니다.

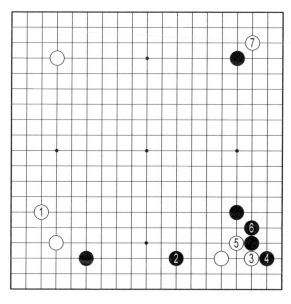

백은 1로 받을 수도 있습니다. 이후 흑2로 협공한다면 백3, 5를 선수한 후 손을 빼서 7로 침투하는 수순이 좋습니다. 우하귀는 흑이 단수치면 패로 버티겠다는 뜻입니다.

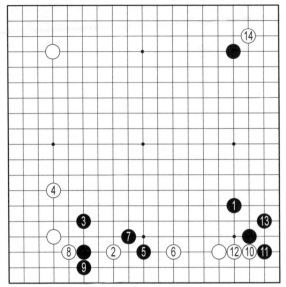

흑1 때 백은 2로 협공해서 두는 작전도 가능합니다. 이후 흑이 3으로 한칸 뛰어서 전투를 유도한다면 백은 4로 받는 것이 좋습니다. 계속해서 흑5로 역습을 한다면 백은 6으로 두칸 벌리는 것이 침착한 응수로 이하 백14까지의 진행은 백이 편한 바둑입니다.

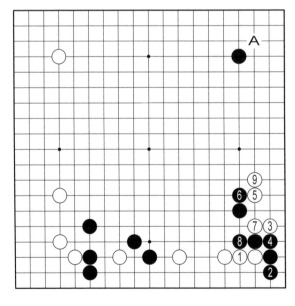

백1 때 흑은 2로 내려서서 두어야 합니다. 계속해서 백3으로 들여다본 후 이하 9까지 둔 것은 적극적인 작전입니다. 하지만 이 진행은 백도 엷은 의미가 있어서 썩 좋은 그림은 아닙니다. 그러므로 백3으로는 A로 침투해서 느긋하게 두는 것이 좋습니다.

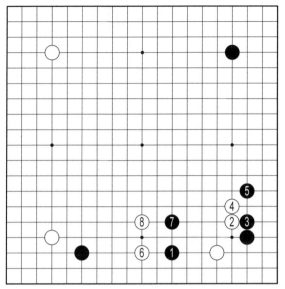

11도 백, 우세

흑1로 협공하면 백은 2로 씌우는 것이 좋습니다. 계속해서 흑3, 5로 받는다면 백6, 8로 역습을 가해서 백이 우세한 결과입니다.

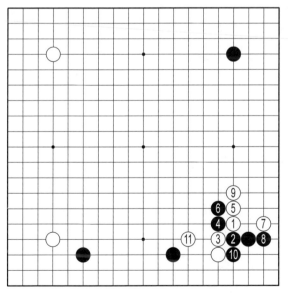

12도 백, 충분

백1 때 흑2, 4로 끊는다면 백은 5로 뻗는 것이 좋은 대응입니다. 이후 흑6으로 밀고 백7 이하 11까지의 진행은 백이 유리한 싸움입니다.

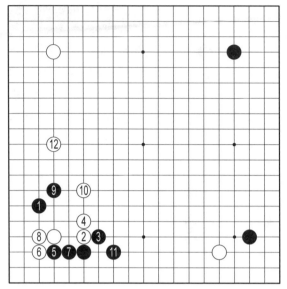

흑1로 양걸침하는 수도 크게 좋을 것이 없는 선택입니다. 백은 2로 붙인 후 이하 12까지 공세적인 입장을 취해서 유리한 포석입니다.

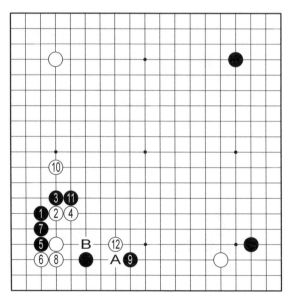

흑1 때 백은 2로 붙여서 두는 변화도 가능합니다. 이후 흑3으로 젖히고 이하 백12까지가 예상되는 진행입니다. 계속해서 흑이 A로 연결한다면 백B로 붙여서 백은 좋은 흐름의 바둑을 둘 수 있습니다.

한칸 협공과 대응 방법

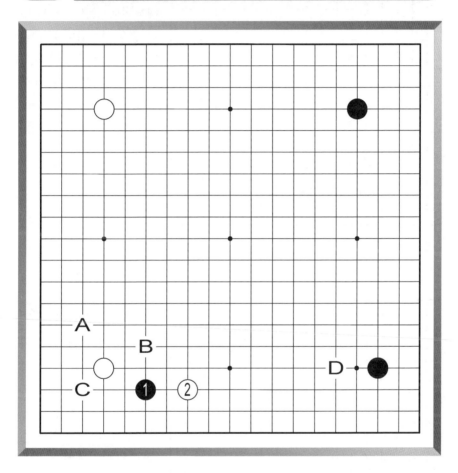

흑1로 걸쳤을 때 백은 2로 협공해서 둘 수도 있습니다. 백2로 협공하면 흑의 다음 응수는 A~D까지를 예상할 수 있는데 각각의 변화를 살펴보기로 하겠습니다.

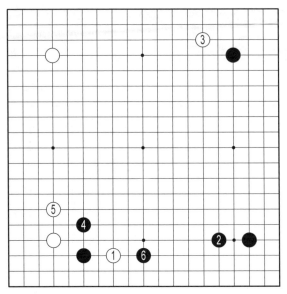

백1로 협공하면 흑은 손을
빼서 2로 귀를 굳히는 것
이 좋은 작전입니다. 이후
백3으로 손을 돌린다면 흑
4로 한칸 뛴 후 6으로 두어
서 전투형이 됩니다. 이 진
행은 서로가 둘 만합니다.

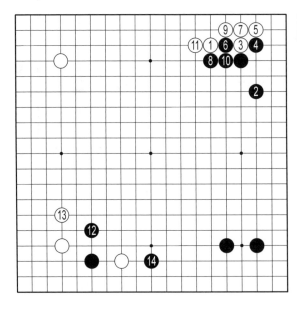

백1 때 흑2로 받는 것도 가
능합니다. 이후 백3으로
붙이고 흑4 이하 백11까지
진행되었을 때 흑12, 14로
좌하귀에 손을 돌리면 결
국엔 흑이 기분 좋은 전투
바둑이 됩니다.

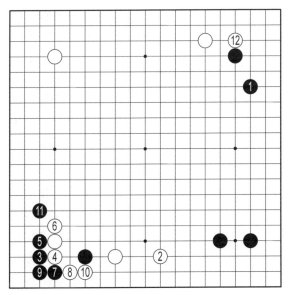

흑1 때 백은 2로 두칸 벌려서 두는 것도 유력한 작전 중의 하나입니다. 이후 흑3으로 침투한다면 백4 이하 흑11까지 처리한 후 백12로 붙여서 백이 기분 좋은 흐름입니다.

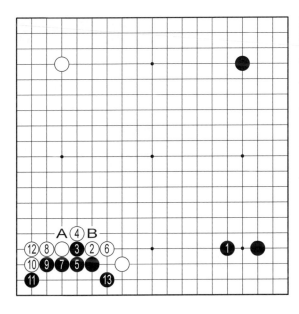

흑1 때 백2로 붙이는 것은 좋지 않습니다. 흑은 3으로 끼운 후 이하 13까지 손쉽게 안정이 가능합니다. 백 모양에는 A와 B의 약점도 남아 있습니다.

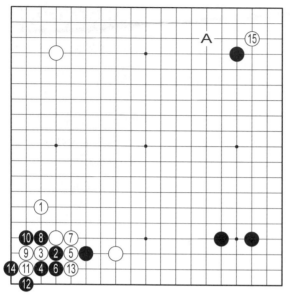

백1로 받는 수도 생각할 수 있습니다. 이때는 흑2로 붙인 후 4로 되젖혀서 수습하는 것이 현명합니다. 이후 백5로 단수치고 이하 흑14까지 일단락인데 흑으로선 손쉽게 실리를 차지한 것에 만족합니다. 백은 손을 빼서 15 또는 A에 걸치게 되는데 아무래도 흑이 기분 좋은 바둑입니다.

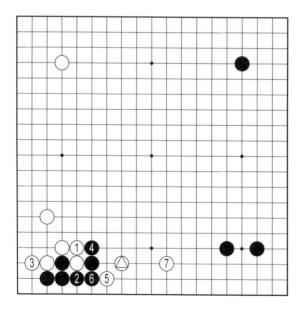

백1 때 흑2로 넘는 것은 좋지 않습니다. 백이 3으로 뻗으면 백△ 한점이 급소에 놓여 있어서 흑은 수습에 어려움을 겪게 됩니다. 흑4 때 백5, 7로 두면 흑이 괴로운 형태입니다.

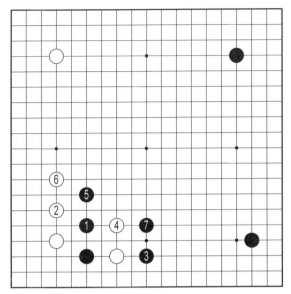

흑은 단순하게 1로 한칸 뛰어서 두는 작전도 생각할 수 있습니다. 이후 백2로 받고 흑3 이하 흑7까지 전투형이 되는데 서로가 둘 만한 형태입니다.

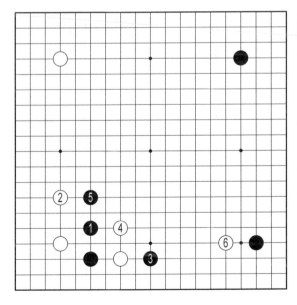

흑1 때 백은 2로 두칸 뛰어서 받는 것이 좀 더 효율적인 응수입니다. 흑5로 받을 때 더 이상 귀를 받지 않아도 된다는 것이 백의 장점입니다. 손을 빼서 6으로 걸치면 백이 기분 좋은 바둑입니다.

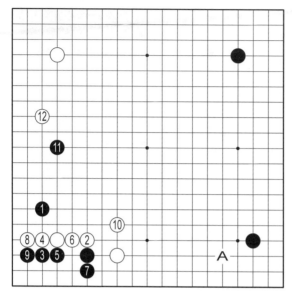

흑1로 양걸침하는 수도 생
각할 수 있습니다. 이후 백
2로 붙이고 흑3 이하 백12
까지가 예상되는 진행인데
전체적으로 백이 두텁습
니다. 그러므로 흑3으로는
손을 빼서 우하귀를 두칸
으로 걸치는 것이 더 나은
선택입니다. 수순 중 백12
로는 A로 걸치는 것도 유
력합니다.

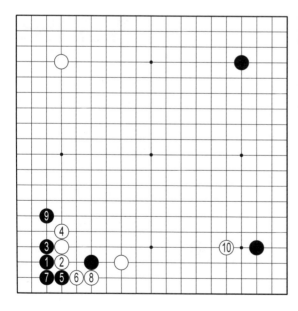

흑1로 직접 3, 三에 들어가
는 것은 좋지 않습니다. 백
은 2로 막은 후 이하 흑9까
지 진행되었을 때 백10으
로 걸치는 것이 좋습니다.
이 진행은 백이 유리합니
다.

고바야시 포석의 허와 실

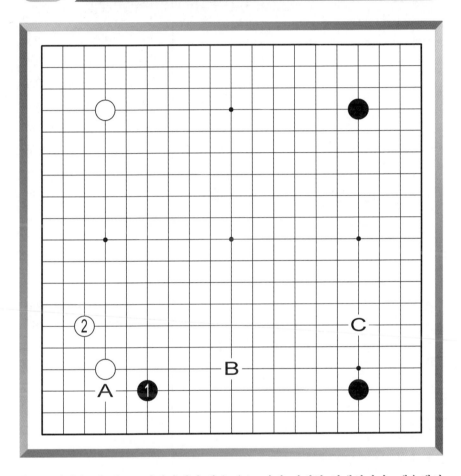

흑1로 걸쳤을 때 백2로 날일자해서 받은 수는 가장 평범한 선택입니다. 계속해서 흑은 A~C를 생각할 수 있는데 각각의 변화를 살펴보기로 하겠습니다.

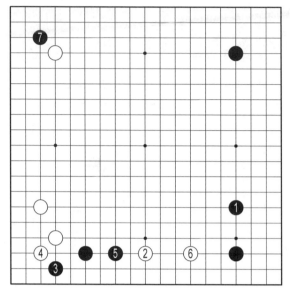

흑은 1로 귀를 굳히는 것
이 가장 보통의 선택입니
다. 계속해서 백2로 협공
한다면 흑3, 5로 처리해서
충분합니다. 이후 백6으로
두칸 벌리고 흑7로 침투하
기까지의 진행이라면 흑이
편한 바둑입니다. 수순 중
백6으로는 손을 빼서 우상
귀 3, 三에 들어가거나 걸
치는 것이 보통입니다.

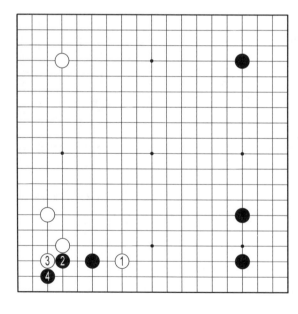

백은 1로 협공할 수도 있습
니다. 이때는 흑2로 붙인
후 4로 되젖혀서 손쉽게
수습이 가능합니다.

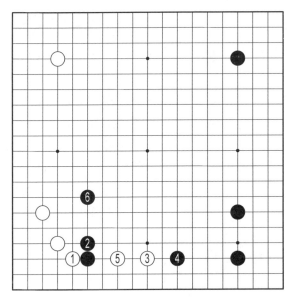

백1로 마늘모 붙인 후 흑2 때 백3으로 협공하는 작전 도 생각할 수 있습니다. 하 지만 흑4로 역습한 후 백5 때 흑6으로 두칸 뛰면 흑은 충분히 싸울 수 있는 형태 입니다.

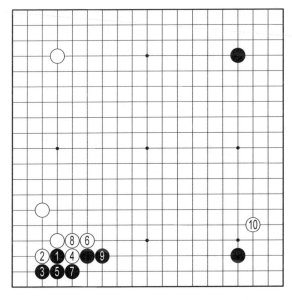

흑1로 붙인 후 3으로 되젖 히는 것도 흑으로선 가능 한 작전입니다. 이후 백4 로 단수치고 이하 백10까 지가 예상되는 진행입니 다. 하지만 앞에서 살펴본 참고도에 비해서 흑이 약 간 미흡합니다.

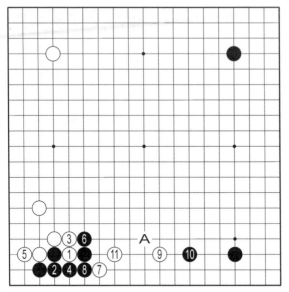

백은 1로 단수치고 3으로
잇는 변화도 가능합니다.
이후 흑4로 연결하고 백5
이하 백11까지가 예상되는
진행인데 서로가 둘 만한
바둑입니다. 백11 이후 흑
은 A로 들여다보는 것으로
국면을 풀어가게 됩니다.

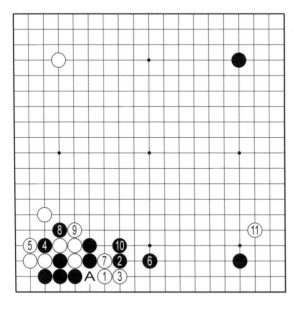

백1 때 흑은 2로 씌워서 두
는 변화도 가능합니다. 이
후 백3으로 두고 흑4 이하
백11까지 서로가 둘 만한
바둑입니다. 백은 A의 절
단이 노림입니다.

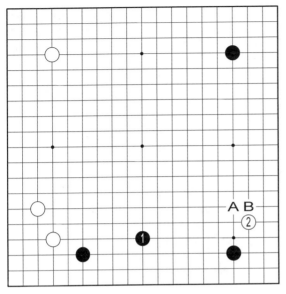

흑1로 두는 것은 일명 고바야시 포석이라고 불리는 수입니다. 고바야시 포석에서는 A나 B에 걸치는 것이 보통이지만 AI는 2로 걸치는 적극적인 수를 추천하고 있습니다.

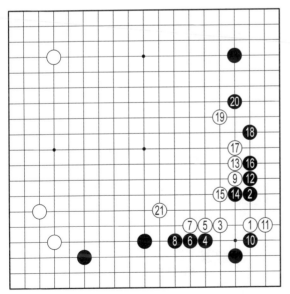

백1 때 흑2로 협공한다면 백은 3으로 한칸 뛰는 것이 좋습니다. 이후 흑4로 받는다면 아낌없이 백5, 7을 선수한 후 이하 21까지 처리해서 백이 활발한 바둑입니다.

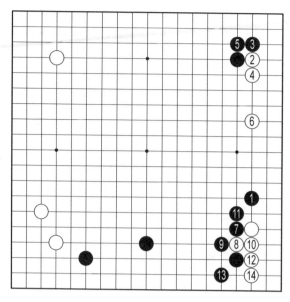

9도 백의 변화

흑1 때 백은 2로 붙여서 두
는 변화도 가능합니다. 이
후 흑은 3으로 젖히고 백4
때 흑5로 잇는 것이 일반적
인 대응입니다. 계속해서
흑7로 붙여서 백 한점을 압
박해 보지만 백이 8로 끼
운 후 이하 14까지 안정하
고 나면 흑은 실속이 없는
결과입니다.

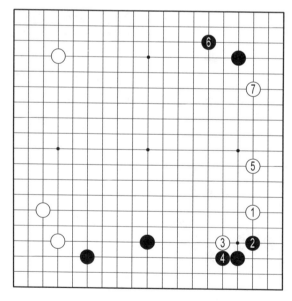

10도 호각

백1로 걸치는 것은 조금 느
슨한 수입니다. 흑은 2로
받는 것이 적절한 대응입
니다. 이후 백3으로 어깨
짚고 흑4 이하 백7까지가
기본형인데 서로가 둘 만
한 포석입니다.

제5장

중국식 포석

중국식 포석

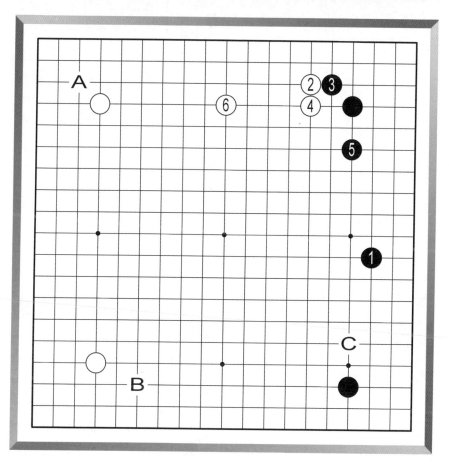

흑1은 한때 유행했던 중국식 포석입니다. 계속해서 백2로 걸친 것은 상식적인 수이며 흑3으로 마늘모 붙이고 백4, 6까지가 기본형입니다. 이후 흑은 A~C를 예상할 수 있는데 각각의 변화를 살펴보기로 하겠습니다.

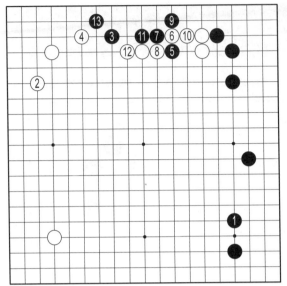

장면도 이후 흑은 1로 귀를 굳히는 것이 보통입니다. 이후 백도 2로 귀를 굳히는 것이 좋은 선택이며 흑3 이하 13까지가 예상되는 진행입니다. 전체적으로 백이 약간 앞서는 바둑입니다.

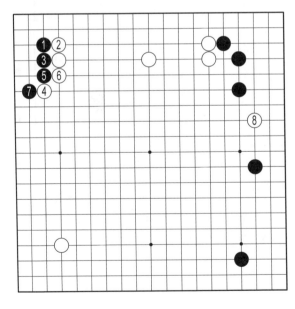

흑은 1처럼 곧장 3, 三에 침투하는 작전도 가능합니다. 이후 백2로 막고 이하 백8까지가 예상되는 진행인데 이 역시 백이 약간 앞서는 바둑입니다.

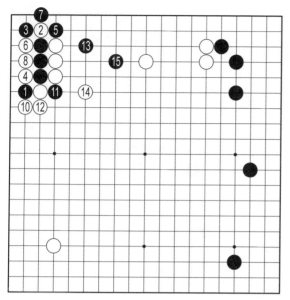

흑1 때 백2로 젖히는 것은 좋은 선택이 아닙니다. 이후 흑3으로 막고 이하 흑15까지가 기본형인데 상변 백돌의 가치가 크게 떨어졌습니다.

(흑❾…백②)

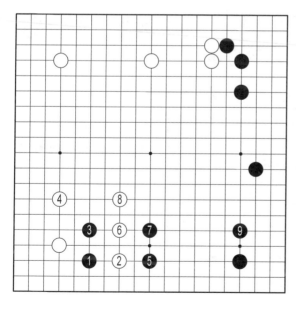

흑은 1로 걸쳐서 둘 수도 있습니다. 이후 백2로 협공하고 흑3 이하 흑9까지가 예상되는 진행인데 서로가 어려운 전투 바둑이 됩니다.

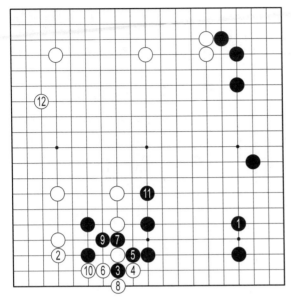

4도 이후의 진행입니다. 흑1로 귀를 굳히면 백도 2로 내려서서 귀를 지키는 것이 좋습니다. 계속해서 흑3으로 붙이고 이하 백12까지가 예상되는 진행인데 서로가 둘 만한 바둑입니다.

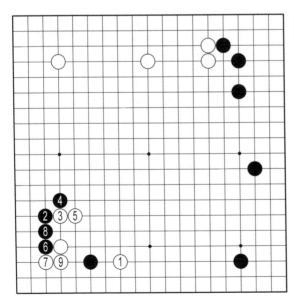

백1 때 흑2로 양걸침하는 수는 찬성할 수 없습니다. 백은 3으로 붙이는 것이 올바른 방향이며 흑4 이하 백9까지 우세를 확립할 수 있습니다.

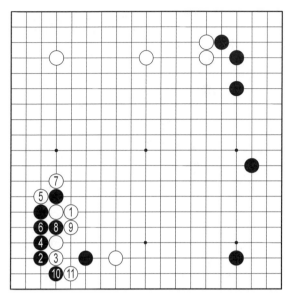

백1 때 흑은 2로 침투하는 변화도 생각할 수 있습니다. 흑2로 침투하면 백은 3으로 막는 것이 좋습니다. 이후 흑4로 연결할 때 백5로 끊는 것이 중요합니다. 계속해서 흑6으로 잇고 이하 백11까지는 쌍방 최선을 다한 수순입니다.

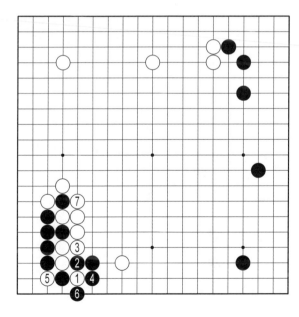

7도 이후의 진행입니다. 백1로 막았을 때 흑이 2, 4로 단수쳐서 백 한점을 잡은 모습입니다. 하지만 백은 5, 7까지 두텁게 형태를 정비해서 유리한 결과를 얻을 수 있습니다. 이후 백은 귀의 한점을 활용하는 뒷맛을 노릴 수 있습니다.

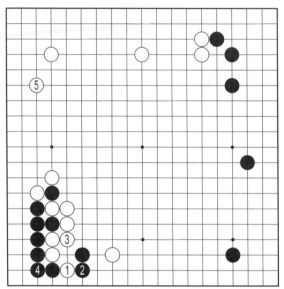

백1로 젖히면 흑은 2로 막는 것이 그나마 나은 선택입니다. 하지만 백3으로 연결한 후 5로 귀를 굳혀서는 역시 백이 유리합니다.

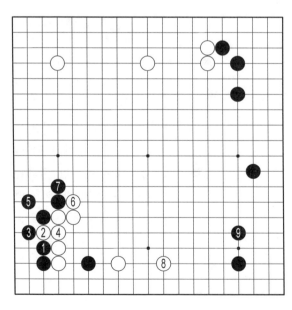

흑1 때 평범하게 백2, 4로 끼워 잇는 것은 매우 좋지 않습니다. 흑은 3, 5로 단수친 후 7까지 실리를 크게 차지할 수 있습니다. 백8, 흑9까지의 결과는 흑이 우세합니다.

한칸 받기와 대응

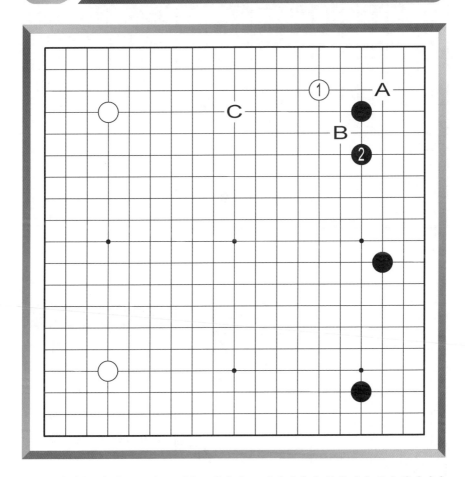

백1로 걸쳤을 때 흑2로 받는 것은, 예전의 포석에서라면 상식적인 응수법이지만 AI 포석에서는 큰 호응을 받지 못하고 있습니다. 흑2 이후 예상할 수 있는 백의 응수는 A~C까지 세 가지입니다. 그럼 각각의 변화를 살펴보도록 하겠습니다.

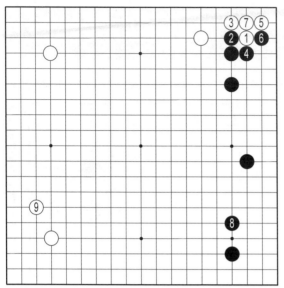

백1로 침투하면 가장 무난합니다. 이후 흑2로 막고 백3 이하 9까지 평범한 포석이 이루어지는데 백이 약간 앞서는 바둑입니다.

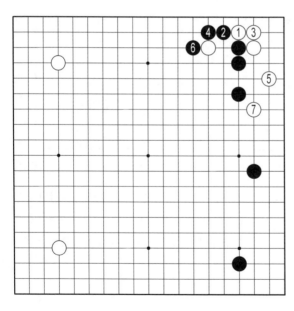

백1 때 흑2로 막고 버틸 수도 있습니다. 하지만 백이 3으로 연결한 후 이하 7까지 안정하고 나면 흑은 실속이 없는 결과입니다.

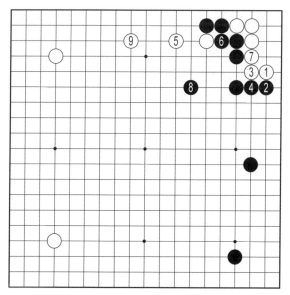

백1 때 흑2로 막고 두는 변화도 생각할 수 있습니다. 이때는 백3을 선수한 후 5로 한칸 뛰는 것이 좋은 대응입니다. 이후 흑6으로 잇는다면 이하 백9까지 처리해서 백이 유리한 포석입니다.

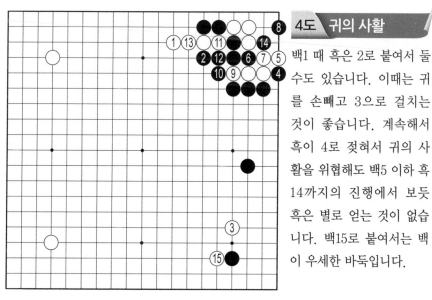

백1 때 흑은 2로 붙여서 둘 수도 있습니다. 이때는 귀를 손빼고 3으로 걸치는 것이 좋습니다. 계속해서 흑이 4로 젖혀서 귀의 사활을 위협해도 백5 이하 흑14까지의 진행에서 보듯 흑은 별로 얻는 것이 없습니다. 백15로 붙여서는 백이 우세한 바둑입니다.

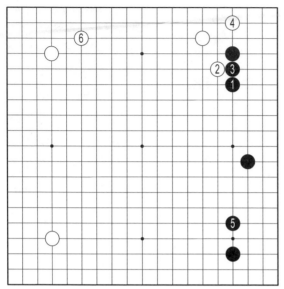

흑1 때 백은 2로 들여다본 후 4로 날일자하는 변화도 가능합니다. 흑5, 백6까지 이 역시 백이 약간 유리한 포석입니다.

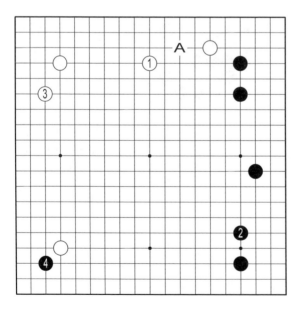

백1로 벌리는 것은 별로 좋은 선택이 아닙니다. 흑은 2로 귀를 굳힌 후 백3 때 흑4로 침투해서 충분히 둘 수 있는 바둑입니다. 상변 백 모양에는 A의 침투수가 남아 있습니다.

국면을 단조롭게 만드는 붙임수

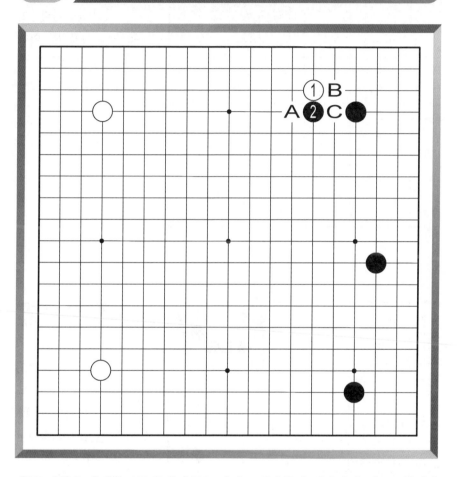

백1로 걸쳤을 때 흑은 2로 붙여서 두는 작전도 생각할 수 있습니다. 흑2로 붙이면 국면이 비교적 단조롭게 흘러가게 되는데 이후 백의 선택과 변화를 A~C를 중심으로 살펴보기로 하겠습니다.

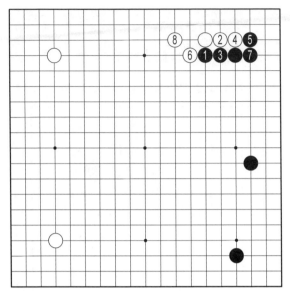

흑1로 붙이면 백은 2로 파
고드는 것이 좋습니다. 이
후 흑3으로 잇고 백4 이하
8까지가 기본 정석인데 백
이 약간 유리한 포석입니
다.

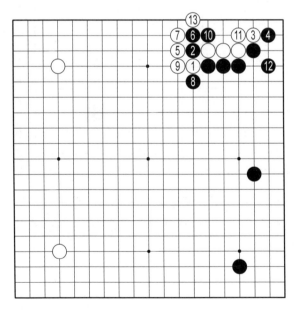

백1 때 흑2로 절단하는 것
은 의문입니다. 백은 3으
로 젖히는 것이 좋은 선택
으로 흑4로 막는다면 백5
로 단수치는 것이 좋습니
다. 이후 흑6으로 나가고
이하 백13까지의 진행은
백이 우세합니다.

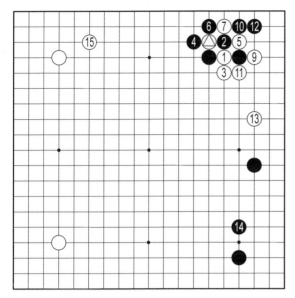

3도　백의 끼움수

백1로 끼운 수는 축이 유리
하므로 충분히 싸울 수 있
다는 뜻입니다. 하지만 흑
이 2, 4로 단수친 후 이하
12까지 버티고 나면 백은
유리할 것이 없는 결과입
니다. 이후 백13으로 벌리
고 흑14, 백15까지 서로가
둘 만한 바둑입니다.
(흑❽…백△)

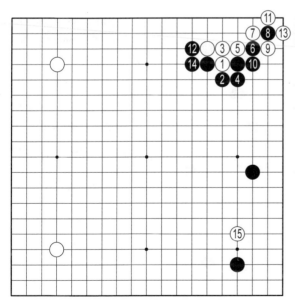

4도　백, 편함

백1 때 흑2로 단수치는 것
은 느슨한 응수입니다. 이
후 백3으로 잇고 흑4 이하
백15까지가 예상되는 진행
인데 백이 편한 바둑입니
다.

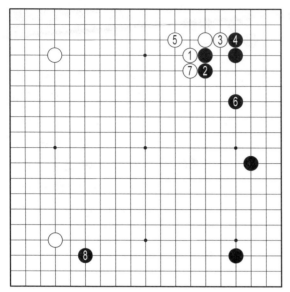

백1로 젖히는 것은 가장 평범한 선택입니다. 하지만 흑이 2로 뻗은 후 이하 8까지 처리하고 나면 백으로선 싱거운 결과입니다.

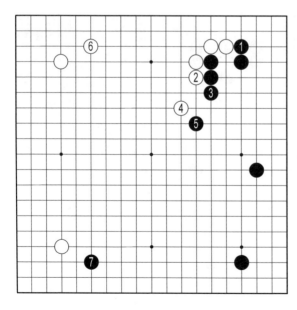

흑1 때 백은 2로 밀어 올리는 것이 나은 선택입니다. 이후 흑3으로 뻗고 백4 이하 흑7까지가 예상되는 진행인데 서로가 둘 만한 포석입니다.

3, 三 침투 이후 변화

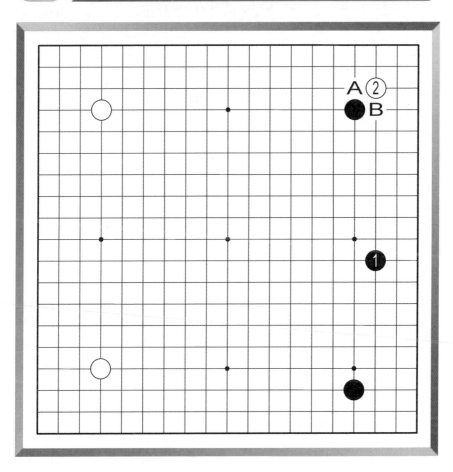

흑1 때 백은 곧장 2로 침투해서 두는 실리 작전도 가능합니다. 이후 흑은 A와 B 중 하나를 선택해야 하는데 각각의 변화를 검토해 보기로 하겠습니다.

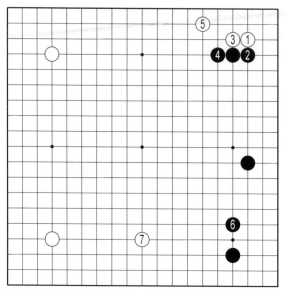

백1로 침투하면 흑은 2로 막는 것이 보통입니다. 이후 백3으로 나가고 흑4 이하 백7까지가 예상되는 포석 진행입니다. 전체적으로는 백이 약간 활발한 포석입니다.

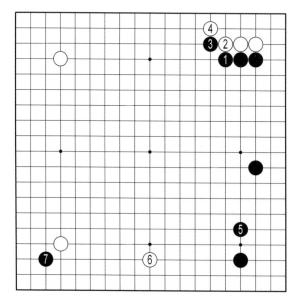

흑1 때 백은 2, 4로 변화를 모색할 수도 있습니다. 계속해서 흑은 손을 빼서 5로 귀를 굳히는 것이 올바른 선택입니다. 이후 백6의 벌림에는 흑7로 침투해서 실리의 균형을 맞추는 것이 좋습니다. 이 형태는 서로가 둘 만한 포석입니다.

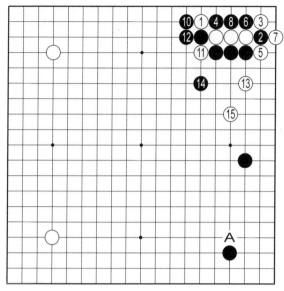

백1 때 흑2로 젖힌 후 4로 끊는 것은 이 경우 부적절한 정석 선택입니다. 이후 백5로 단수치고 흑6 이하 백15까지가 기본 정석인데 백이 우세한 결과입니다. 수순 중 백15는 A에 붙여서 두는 것도 유력한 대안 중의 하나입니다.

(백⑨…흑❷)

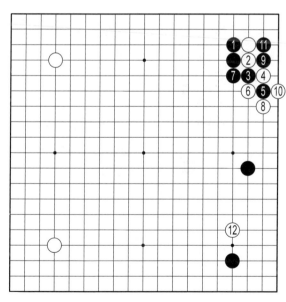

백의 3, 三 침입에 흑1로 막는 것은 방향착오입니다. 백은 2로 둔 후 이하 흑11까지 선수로 형태를 갖추는 것이 좋습니다. 선수를 취한 백이 12로 걸쳐서는 백이 유리한 바둑입니다.

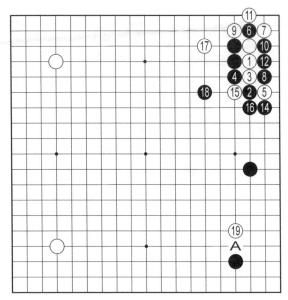

백1 때 흑2로 날일자한 후
백3, 5를 기다려 흑6으로
젖히는 변화도 생각할 수
있습니다. 하지만 백7로
단수친 후 이하 흑18까지
처리하고 백9로 걸치면 백
이 유리한 바둑입니다. 수
순 중 백19로는 A도 유력
합니다.

(백⑬…흑❻)

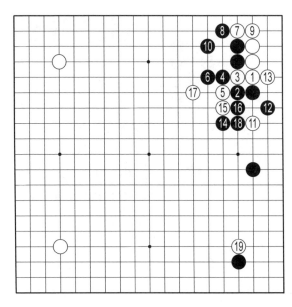

백1 때 흑2로 뻗는 변화도
흑으로선 크게 좋을 것이
없습니다. 이후 백3, 5로
절단하고 이하 백19까지가
예상되는 진행인데 백이
유리합니다.

소목에 걸치는 방법

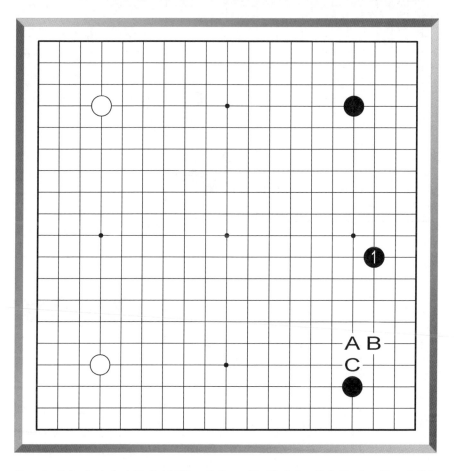

흑1 때 백은 우하귀 소목에 걸치는 방법도 가능합니다. 백이 둘 수 있는 방법은
A~C까지를 생각할 수 있는데 각각의 변화를 검토해 보도록 하겠습니다.

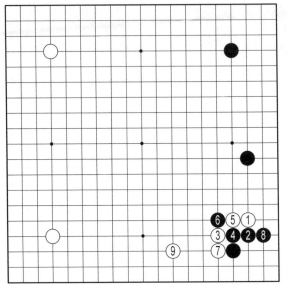

백1의 날일자 걸침이 중국식 포석에 대한 가장 무난한 걸침수입니다. 흑2로 마늘모 붙였을 때 백3이 적절한 대응이며 흑4 이하 백9까지는 쉽게 떠올릴 수 있는 진행입니다.

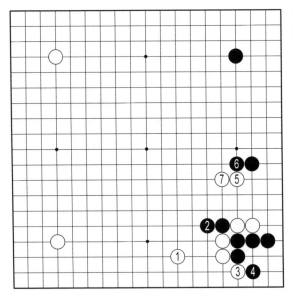

1도 이후의 진행입니다. 백1로 벌리면 흑은 2로 뻗어서 싸워야 합니다. 이후 백은 3으로 젖힌 후에 5로 어깨 짚는 것이 적절한 수습방법입니다. 흑6, 백7까지 서로가 둘 만한 포석입니다.

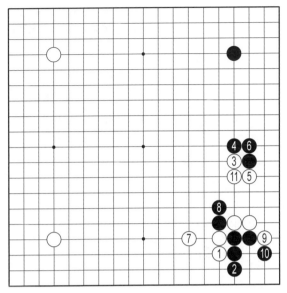

백1 때 흑은 2로 내려서서 두는 변화도 생각할 수 있습니다. 이때는 백3으로 붙이는 것이 준비된 수습책입니다. 이후 흑4로 젖히고 백5 이하 백11까지가 예상할 수 있는 수순인데 백이 잘 풀린 그림입니다.

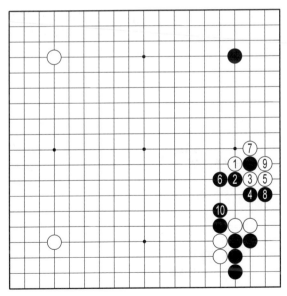

백1 때 흑2로 젖힌다면 백은 3으로 끊는 것이 좋습니다. 이후 흑4로 단수치고 백5 이하 흑10까지가 예상되는 진행인데 호각의 갈림입니다.

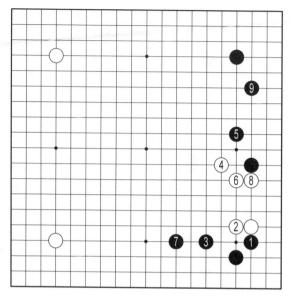

흑1 때 백은 2로 올라서서
두는 수도 가능합니다. 이
후 흑3으로 받고 백4 이하
흑9까지가 예상되는 진행
인데 흑이 약간 편한 바둑
입니다.

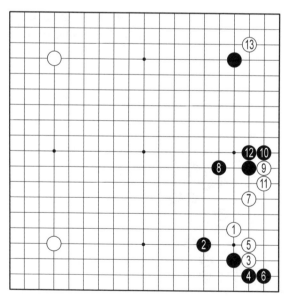

백은 1처럼 높게 걸치는 것
이 가장 무난합니다. 이후
흑2로 받는다면 백3, 5로
붙여 뻗는 것이 좋은 대응
으로 흑6에는 백7 이하 흑
12까지 선수로 처리해서
백이 유리합니다.

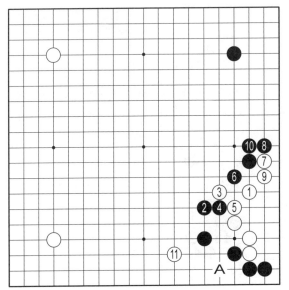

백1 때 흑은 2로 한칸 뛰는 것이 적절한 응수입니다. 이후 백도 3으로 한칸 뛰고 흑4 이하 흑10까지의 진행은 잘 알려진 수순입니다. 그런데 백이 손을 빼서 11 또는 A로 들여다보면 흑이 약간 불리한 결과입니다.

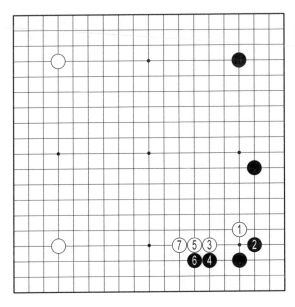

백1 때 흑2로 둔다면 백은 3으로 날일자하는 것이 좋은 응수입니다. 이후 흑4로 붙인다면 백5, 7로 응수해서 백이 우세한 결과입니다.

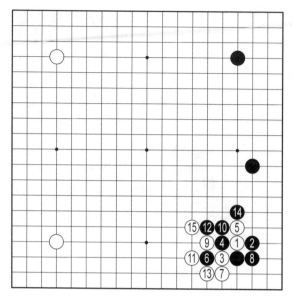

백은 1로 붙여서 두는 적극적인 작전도 가능합니다. 이후 흑2로 젖힌다면 백3으로 되젖히는 것이 행마법입니다. 계속해서 흑4, 6으로 단수치고 이하 백15까지가 기본형인데 서로가 둘 만한 바둑입니다.

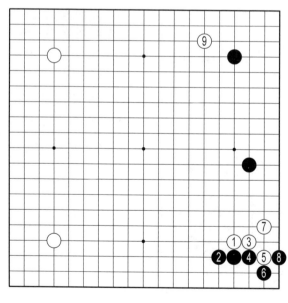

백1 때 흑2로 뻗는 것은 약간 느슨한 응수법입니다. 백은 3, 5로 둔 후 이하 9까지 발 빠르게 처리해서 충분합니다.

높은 중국식 포석

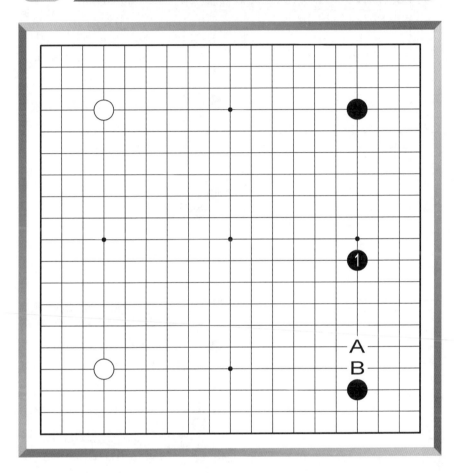

흑1은 높은 중국식 포석입니다. 흑1로 두면 백은 우상귀 화점에 걸치거나 3, 三에 들어가는 것이 보통입니다. 이 장면에서는 백이 A와 B에 두는 수를 중심으로 변화를 검토해 보도록 하겠습니다.

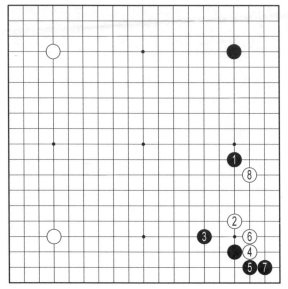

흑1로 두면 백2로 걸치는 것이 보통입니다. 이후 흑 3으로 날일자하고 이하 흑 7까지의 진행은 쉽게 떠올릴 수 있는 수순입니다. 그런데 흑7 때 백8로 둔 것이 다소 이색적인 수로 이 경우 정수입니다.

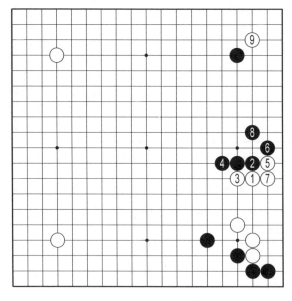

1도 이후의 진행입니다. 백 1로 두면 흑은 2로 막아야 하는데 백은 3, 5를 선수한 후 이하 흑8까지 선수로 안정할 수 있습니다. 선수를 취해서 백9로 침투해서는 백이 우세한 바둑입니다.

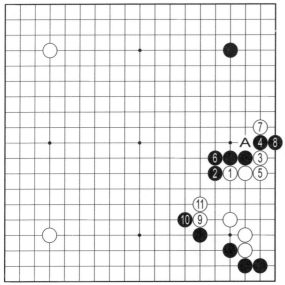

백1 때 흑2로 젖혀서 변화를 모색할 수도 있습니다. 하지만 백3, 5로 젖혀 이은 후 흑6 때 백7로 껴붙이는 수가 좋아서 흑은 좋을 결과를 기대할 수 없습니다. 계속해서 흑8로 차단한다면 백9, 11로 붙여 **뻗**은 후 A의 약점을 노려서 백이 우세합니다.

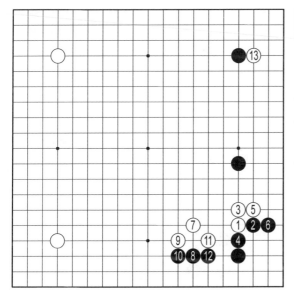

백1로 걸치면 흑은 2로 붙이는 것이 정수입니다. 이후 백3으로 **뻗**고 흑4 이하 흑12까지가 부분적인 결말입니다. 하지만 선수를 취한 백이 13으로 붙여서는 백이 약간 유리한 바둑입니다.

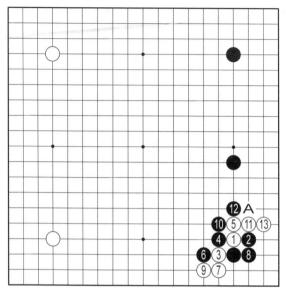

백은 1로 붙여서 두는 수도 가능합니다. 이후 흑2로 젖히고 백3 이하 백13까지의 진행이라면 백은 사석 작전을 통해서 충분히 둘 수 있는 모습입니다. 수순 중 백13은 A로 나가는 것도 유력합니다.

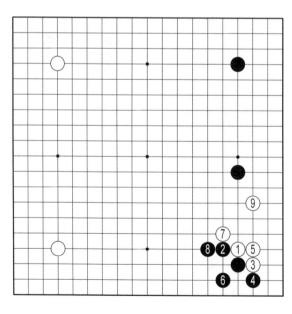

백1 때 흑2로 젖히는 것은 찬성할 수 없습니다. 백은 3으로 되젖힌 후 이하 9까지 안정해서 유리한 결과를 얻어낼 수 있습니다.

제6장

양소목 포석

두칸 굳힘 이후 걸침 방법

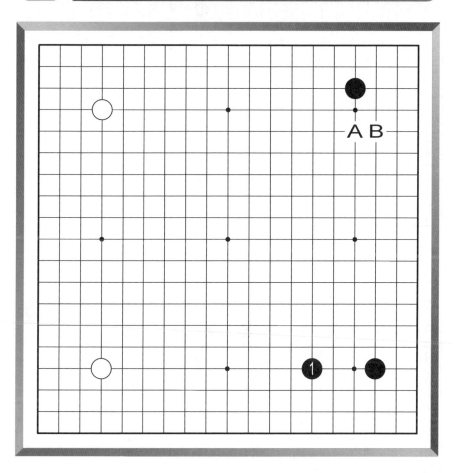

흑이 양쪽의 소목을 차지한 후 1로 귀를 굳히는 포석입니다. 흑1로 귀를 굳히면
백은 당연히 우상귀에 눈을 돌려야 하는데 A와 B의 걸침수를 생각할 수 있습니
다. 그렇다면 A와 B의 걸침수에 대한 변화를 검토해 보도록 하겠습니다.

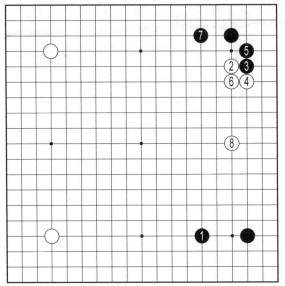

흑1로 귀를 굳히면 백은 2처럼 높게 걸치는 것이 보통입니다. 이후 흑3으로 붙이고 백4 이하 백8까지 평범한 포석이 이루어집니다.

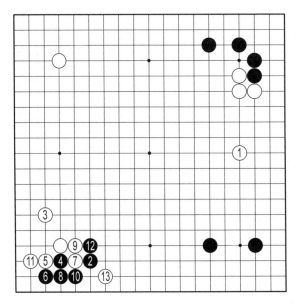

백1로 벌리면 흑2로 걸치는 진행이 예상됩니다. 이후 백3으로 받고 흑4 이하 백13까지 서로가 둘 만한 포석입니다.

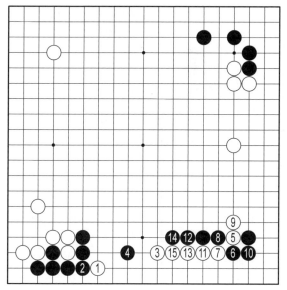

2도 이후의 진행입니다.
백1로 들여다보면 흑은 2
로 잇는 것이 정수입니다.
이후 백3으로 벌렸을 때
흑4는 의문수입니다. 백은
5로 붙이는 것이 예리한 응
수타진입니다. 이후 흑6으
로 젖히고 백7 이하 백15까
지의 진행은 백이 유리합
니다.

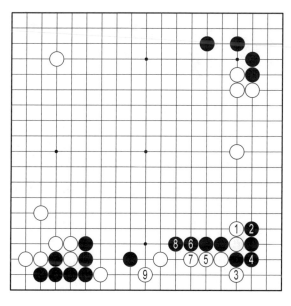

백1 때 흑2로 나가는 것이
그나마 나은 선택입니다.
하지만 백3으로 단수치고
흑4 이하 백9까지의 진행
은 역시 백이 약간 유리합
니다.

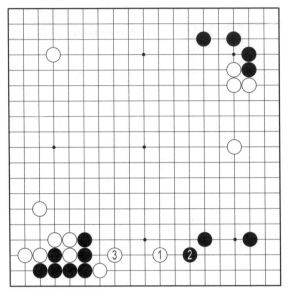

백1 때 흑은 2로 받는 것이 정수입니다. 백은 3으로 보강해서 두게 되는데 서로가 어려운 바둑입니다.

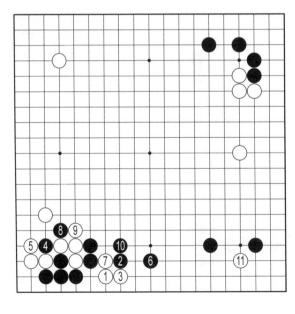

백1 때 흑2로 반발하는 것은 우하귀의 배석 관계상 흑이 좋지 않습니다. 이후 백3으로 두고 이하 흑10까지는 상용의 진행인데 백에겐 11로 들여다보는 멋진 활용수가 준비되어 있습니다.

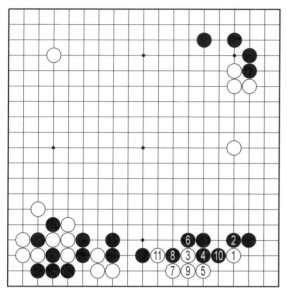

6도 이후의 진행입니다. 백1로 들여다보면 흑은 2로 막아야 하는데 백3, 5로 두는 것이 멋진 후속 수단입니다. 이후 흑6으로 막고 백7 이하 백11까지의 진행은 백이 우세합니다.

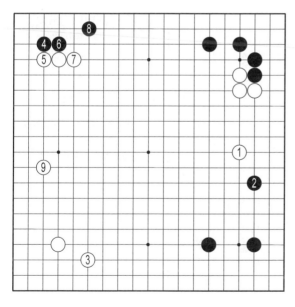

백1 때 흑은 2로 다가서는 선택도 가능합니다. 이후 백3으로 귀를 굳히고 흑4 이하 백9까지 서로가 무난한 포석입니다.

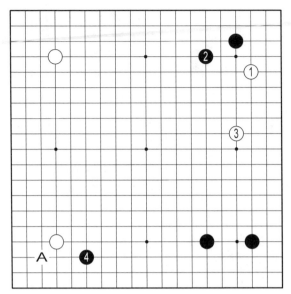

백은 1처럼 날일자로 걸치는 것도 가능합니다. 이후 흑2로 받았을 때 백은 3으로 벌리는 것이 보통이며 흑4로 걸쳐서 서로가 둘 만한 포석이 됩니다. 수순 중 흑4로는 A의 침투도 가능합니다.

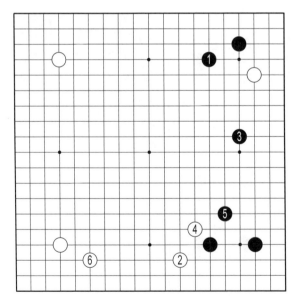

흑1 때 백은 2로 다가서는 수도 생각할 수 있습니다. 이후 흑3으로 협공하고 백4 이하 6까지의 진행은 서로가 둘 만한 포석입니다.

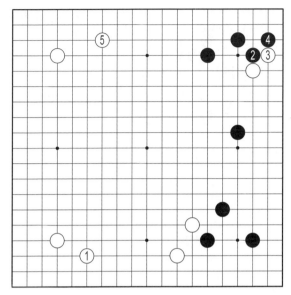

10도 이후의 진행입니다. 백1 때 흑2로 마늘모 붙여서 공격을 시도한다면 백은 3을 선수한 후 손을 빼는 것이 좋습니다. 백5는 한 가지 응수 방법이며 백이 활발한 포석이 됩니다. 그러므로 흑2로 공격하는 것은 시기를 잘 선택해야 합니다.

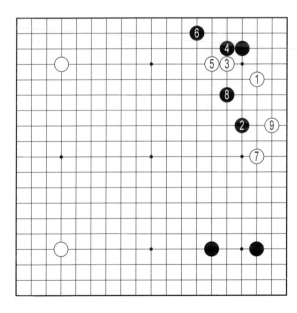

백1 때 흑2로 협공하는 것은 큰 전과를 기대하기 힘든 작전입니다. 백은 3으로 씌우는 것이 좋은 선택으로 흑4 이하 백9까지가 예상할 수 있는 변화 중 하나입니다. 전체적으로 백이 두기 편한 바둑입니다.

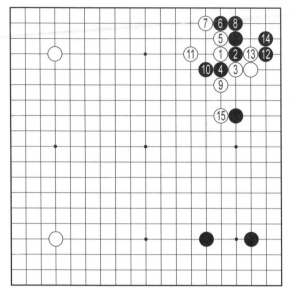

백1 때 흑2, 4로 절단한다면 백은 3, 5로 막은 후 이하 11까지 전투를 유도하는 것이 좋은 수순입니다. 계속해서 흑12로 귀를 보강한다면 백13, 흑14를 선수한 후 백15로 붙여서 본격적인 전투에 돌입합니다.

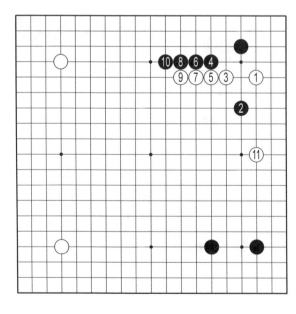

백1 때 흑2처럼 한칸 높게 협공한다면 백3으로 한칸 뛰는 것이 좋습니다. 이후 흑4로 받고 백5 이하 11까지 서로가 둘 만한 포석입니다.

적극적인 걸침과 정석 선택

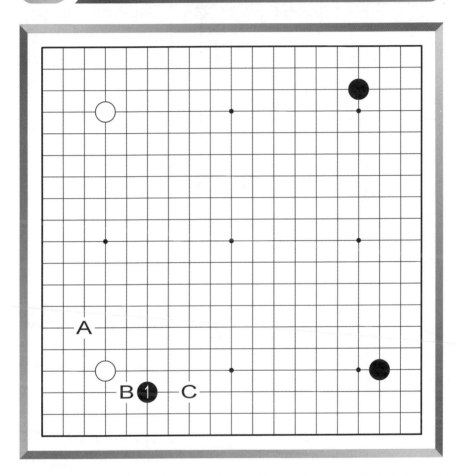

흑은 1처럼 적극적으로 걸쳐서 두는 작전도 가능합니다. 이후 예상할 수 있는 백의 응수는 A~C인데 각각의 변화를 살펴보기로 하겠습니다.

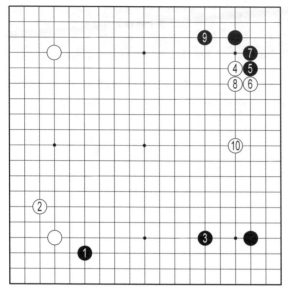

흑1로 걸치면 백2로 받는 것이 가장 무난한 선택입니다. 이후 흑3으로 귀를 굳히고 백4 이하 10까지 서로가 무난한 포석입니다.

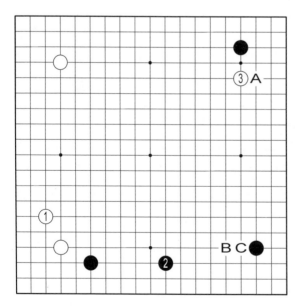

백1 때 흑2로 벌리는 수는 한때 유행했던 미니 중국식 포석입니다. 하지만 백3으로 걸치면 흑은 실속이 없어서 큰 호응을 받지 못하는 포석이 되었습니다. 수순 중 백3으로는 A로 걸칠 수도 있으며 B와 C에 두는 변화도 가능합니다.

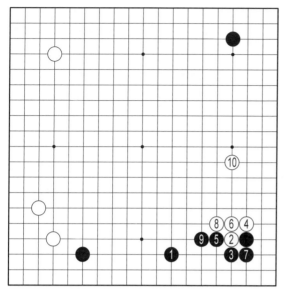

흑1처럼 벌리는 변형 미니
중국식 포석도 한때 많이
두어졌습니다. 흑1 때 백은
우상귀에 걸치면 가장 무
난합니다. 우하귀에 두고
자 한다면 2로 붙이는 것
이 좋습니다. 계속해서 흑
3으로 젖힌다면 백4로 되
젖히는 것이 좋은 대응으
로 이하 백10까지의 진행
은 백이 약간 유리합니다.

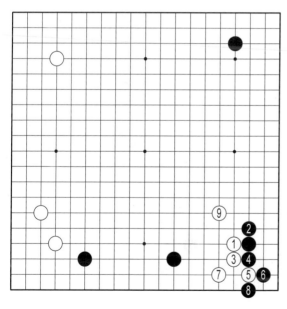

백1 때 흑2로 뻗는다면 백
3으로 막은 후 흑4 때 백5,
7로 응수하는 것이 좋습니
다. 이후 흑8의 단수에는
백9로 날일자해서 백이 활
발합니다.

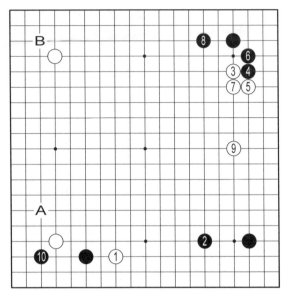

백은 1로 협공해서 두는 작전도 가능합니다. 이후 흑 2로 귀를 굳히고 백3 이하 흑10까지가 예상되는 진행인데 서로가 둘 만한 포석입니다. 수순 중 흑10으로는 A 또는 B에 두는 것도 가능합니다.

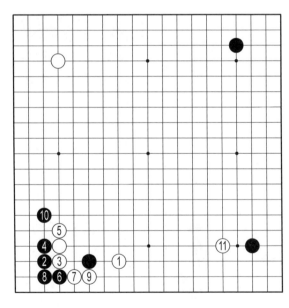

백1 때 곧장 흑2로 침투하는 것은 좋지 않습니다. 백은 3으로 막은 후 이하 11까지 두어서 유리한 포석을 전개할 수 있습니다.

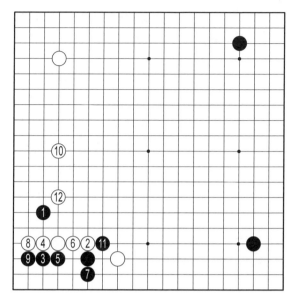

흑1로 양걸침하는 것도 큰 전과를 기대할 수 없는 수입니다. 이후 백은 2로 붙인 후 이하 12까지 처리하는 것이 좋은 수순입니다. 전체적으로 백이 두터운 바둑입니다.

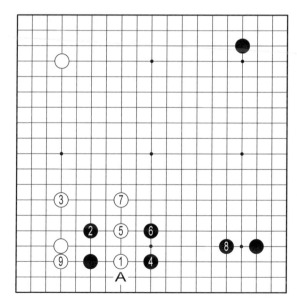

백1 때 흑이 2로 한칸 뛰는 것은 좋은 선택입니다. 계속해서 백3으로 받고 흑4 이하 백9까지의 진행이라면 흑이 약간 유리합니다. 이후 흑은 A에 붙여서 수습이 가능한 형태입니다.

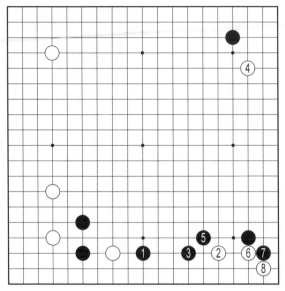

흑1로 협공하면 백은 2로 걸쳐서 둘 곳입니다. 이후 흑3으로 협공한다면 또다시 손을 빼서 4로 걸치는 것이 발 빠른 작전입니다. 계속해서 흑5로 공격한다면 백6, 8로 수습이 가능한 형태입니다.

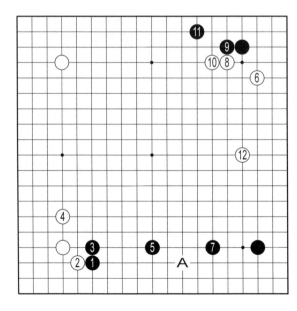

흑1 때 백은 2로 마늘모 붙인 후 4로 받는 작전도 가능합니다. 이후 흑5로 벌리고 백6 이하 백12까지가 예상되는 진행인데 서로가 둘 만한 포석입니다. 이후 백은 A의 침투가 노림입니다.

소목에 걸치는 방법

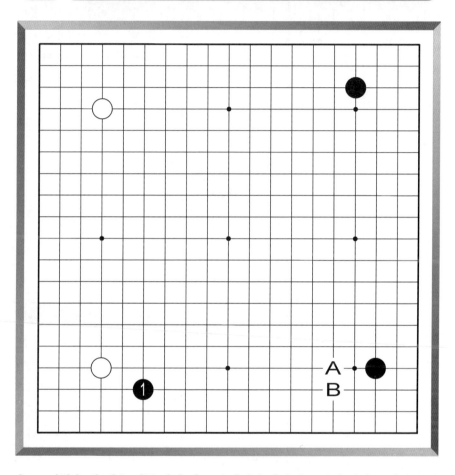

흑1로 걸쳤을 때 백은 귀를 받지 않고 우하귀나 좌상귀 소목에 걸치는 것이 보통
입니다. 그럼 A와 B에 걸쳤을 때의 변화를 집중적으로 검토해 보기로 하겠습니
다.

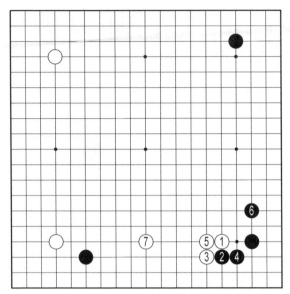

백은 1로 걸치는 것이 보통
입니다. 이후 흑2로 붙이
고 백3 이하 백7까지의 진
행이라면 서로가 무난한
포석입니다.

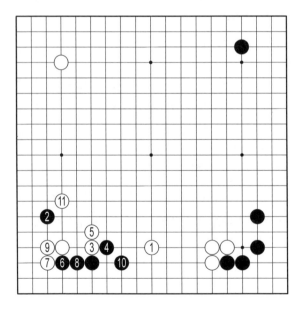

1도 이후의 진행입니다. 백
1로 벌리면 흑은 2로 걸쳐
서 백의 세력 확장을 견제
하는 포석이 됩니다. 이후
백3으로 붙인 것은 올바른
방향이며 흑4 이하 백11까
지 서로가 둘 만한 포석입
니다.

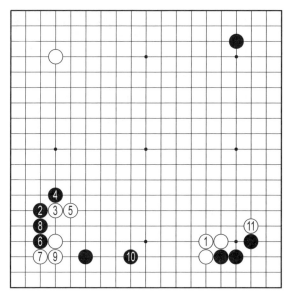

백1 때 흑은 귀를 손빼고 2로 양걸침해서 두는 작전도 가능합니다. 이후 백3으로 붙이고 이하 흑10까지 형태가 일단락됩니다. 하지만 백은 선수를 취해서 11로 붙일 수 있으므로 충분합니다.

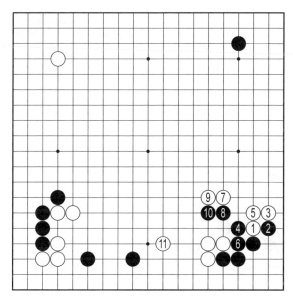

3도 이후의 진행입니다. 백1로 붙이면 흑은 2로 젖혀야 하는데 백에게 3으로 되젖히는 강수가 준비되어 있습니다. 이후 흑4로 단수치고 이하 백11까지가 예상되는 진행인데 서로가 어려운 바둑입니다. 하지만 전체적으로는 백이 두터운 모습입니다.

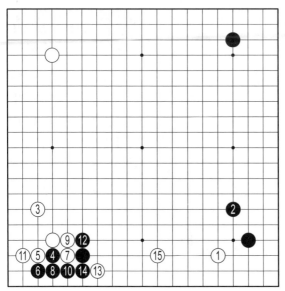

백은 1처럼 날일자로 걸치는 것도 가능합니다. 백1로 걸치면 흑2로 받고 백3 이하 15까지가 예상되는 진행입니다. 이 역시 서로가 둘 만한 포석입니다.

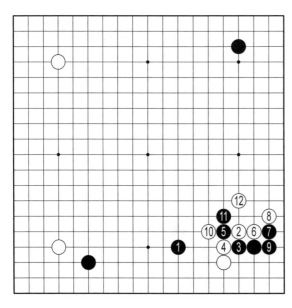

흑1로 협공하면 백2로 씌우고 흑3 이하 백12까지 서로가 어려운 전투형 바둑이 됩니다.

백의 소목·화점 포석

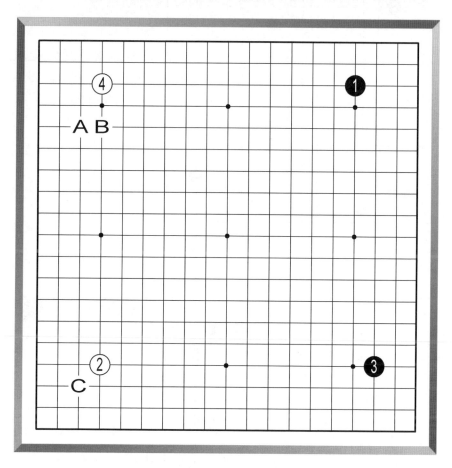

흑1, 3의 양소목 포진에 대해 백이 2, 4로 두어서 소목과 화점으로 맞대응한 모습입니다. 이에 대해 흑은 우하귀를 굳히는 것이 보통입니다. 하지만 이 장면에서는 A~C를 중심으로 변화를 살펴보기로 하겠습니다.

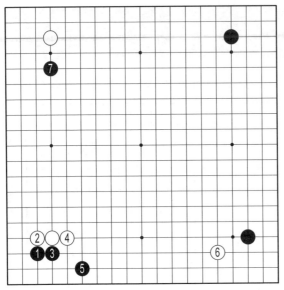

흑1로 침투하는 것이 가장 무난한 선택입니다. 이후 백2로 막고 흑3 이하 흑7 까지의 진행이 예상되는데 서로가 크게 어려울 것이 없는 포석입니다.

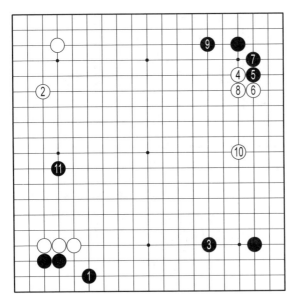

흑1 때 백은 2로 귀를 굳히는 작전도 가능합니다. 백 2라면 흑도 3으로 귀를 굳히게 되는데 백4 이하 흑11 까지 서로가 둘 만한 포석입니다.

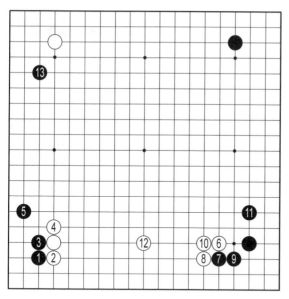

흑1 때 백은 2로 막고 두는
변화도 가능합니다. 이후
흑3으로 나가고 백4, 흑5
때 백은 6으로 걸치는 것이
보통입니다. 계속해서 흑
7로 붙이고 백8 이하 흑13
까지가 예상되는 진행인데
호각의 포석입니다.

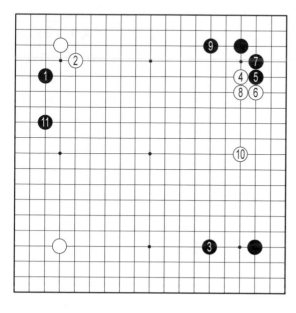

흑은 1로 걸치는 선택도 가
능합니다. 이후 백2로 받
았을 때 흑3의 귀굳힘은
발 빠른 작전이며 백4 이
하 흑11까지 서로가 둘 만
한 포석입니다.

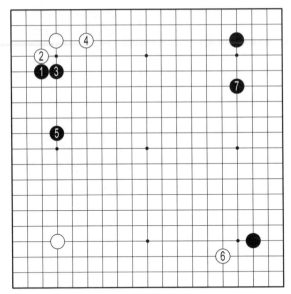

흑1 때 백은 2로 마늘모 붙여서 두는 작전도 가능합니다. 이후 흑3으로 올라서고 백4, 흑5까지 일단락입니다. 계속해서 백6으로 걸치고 흑7로 귀를 굳히기까지 서로가 둘 만한 바둑입니다.

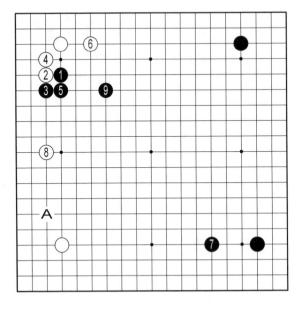

흑1로 걸치는 수도 가능합니다. 흑1로 걸치면 백은 2, 4로 붙여 뻗는 것이 무난한 선택이며 흑3 이하 흑9까지 훌륭한 한 판의 바둑입니다. 수순 중 흑7로는 A에 걸치는 것도 가능합니다.

제7장

실전 포석

전체를 바라보는 안목

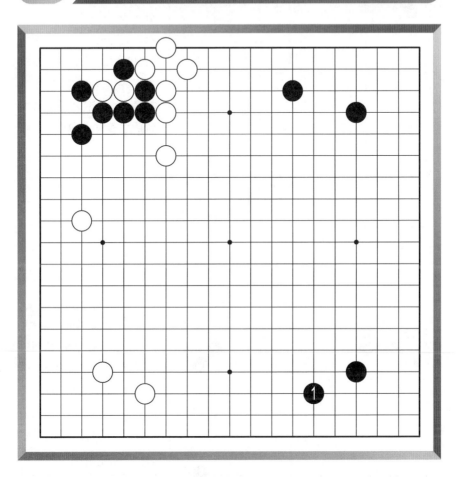

흑1로 귀를 굳힌 장면입니다. 전체적으로 흑이 실리로 앞서 있지만 백도 상변의 두터움이 있으므로 충분히 둘 수 있는 바둑입니다. 그렇다면 백의 다음 한수는 어디로 향해야 할까요?

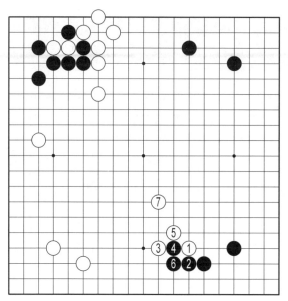

백1로 어깨 짚는 것이 이 경우 좋은 감각입니다. 흑 2로 민다면 백3으로 한칸 뛰어서 자연스럽게 중앙을 키울 수 있습니다. 이하 백 7까지의 진행이라면 백이 기분 좋은 흐름입니다.

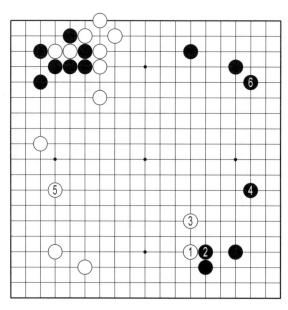

백1이면 흑은 2로 밀어야 합니다. 이후 백3으로 한 칸 뛰고 흑4, 6까지가 예상 되는 진행입니다. 전체적 으로는 흑의 실리가 돋보 이는 바둑입니다.

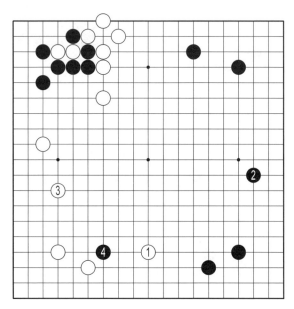

백1로 벌리는 것은 좋지 않습니다. 흑은 2로 벌린 후 백3 때 4로 어깨 짚는 강력한 삭감수를 준비하고 있습니다. 이 진행은 흑이 우세합니다.

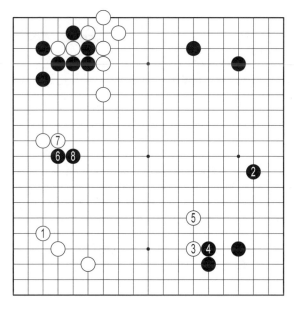

백1로 귀를 굳히는 것도 좋지 않습니다. 흑2 때 뒤늦게 백3으로 어깨 짚어 보지만 흑이 4로 민 후 선수를 잡아서 6으로 어깨 짚으면 백의 불만족스런 포석입니다.

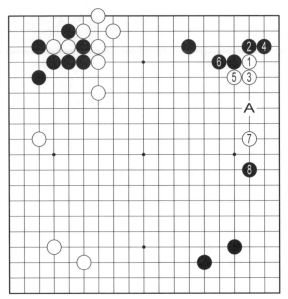

실전은 백1로 붙여서 두었
는데 최악의 선택입니다.
이후 흑2로 젖히고 이하
흑8까지의 진행은 흑이 절
대적으로 우세한 바둑입니
다. 이후 흑은 A의 침투를
노리고 있습니다.

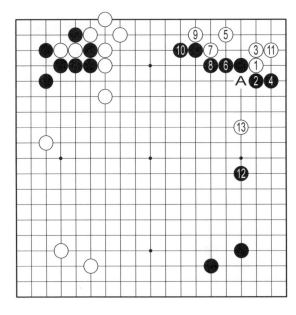

백1 때 흑2로 젖혀서 세력
을 중시하는 것은 좋지 않
습니다. 백3이면 흑은 4
로 내려서야 하는데 백5 이
하 11까지 귀가 백의 수중
에 크게 들어갑니다. 이후
흑12의 벌림에는 백13으로
침투하는 것이 좋습니다.
A의 약점 때문에 흑은 공
격이 쉽지 않은 모습입니
다.

의문의 벌림과 이후 처리법

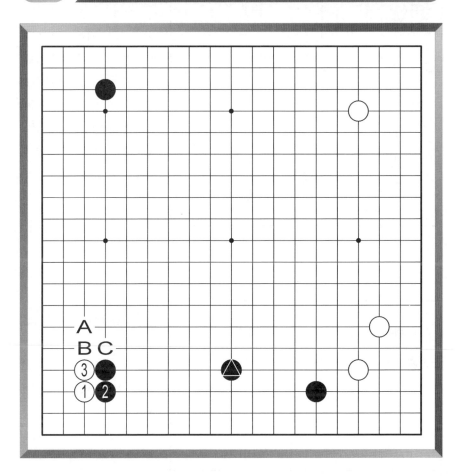

흑▲로 벌린 것은 이상한 감각으로, 백은 곧장 1로 침투해서 흑의 실수를 추궁하고 있습니다. 이후 흑2로 막고 백3으로 나간 장면인데 흑의 다음 한수가 중요합니다. 이 경우 흑은 A~C 중 어느 곳에 두는 것이 최선일까요?

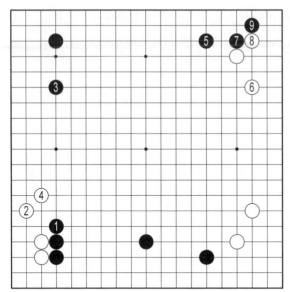

흑1로 뻗는 것이 정답입니다. 이후 백2로 날일자한다면 손을 빼서 3으로 귀를 굳히는 것이 좋습니다. 계속해서 백4로 입구자하고 흑5 이하 흑9까지가 예상되는 진행입니다. 전체적으로는 백이 약간 앞선 바둑입니다.

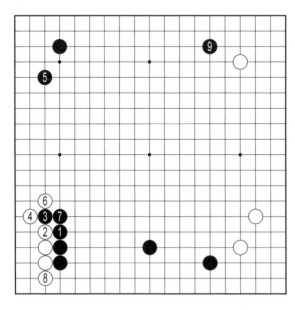

흑1 때 백은 2로 두는 변화도 가능합니다. 이후 흑3으로 막고 백4로 젖혔을 때 흑은 손을 빼서 5로 귀를 굳히는 것이 중요합니다. 계속해서 백6으로 단수치고 이하 흑9까지 1도와 대동소이한 결과입니다.

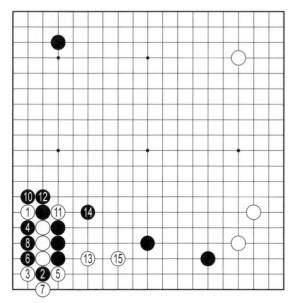

백1 때 흑2로 젖힌 후 4로 끊는 변화는 좋지 않습니다. 이후 백5로 단수치고 이하 백15까지가 예상되는 진행인데 하변 흑 두점의 기능이 대폭 줄어든 모습입니다.

(백⑨…흑❷)

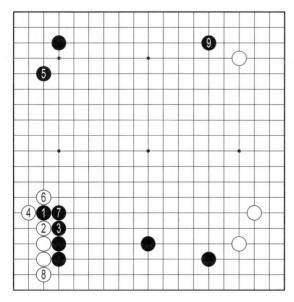

흑은 1로 날일자해서 두는 변화도 가능합니다. 계속해서 백은 2로 치받고 흑 3 때 4로 젖히는 수순이 좋습니다. 이후 흑5로 손을 돌리고 백6 이하 흑9까지의 진행이라면 2도의 형태로 환원된 모습입니다.

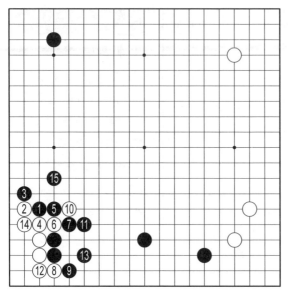

흑1 때 백2로 붙이는 것은 좋지 않습니다. 이후 흑3으로 막고 백4 이하 흑15까지가 예상되는 진행인데 하변 흑 두점이 적절한 곳에 놓여 있는 모습이라 백의 불만족스런 결말입니다.

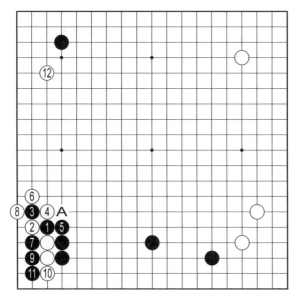

흑1로 두점머리를 두들긴 후 백2 때 흑3으로 이단젖히는 것은 이 경우 좋지 않습니다. 백은 4, 6으로 단수쳐서 흑 한점을 잡은 후 이하 백12까지 우세를 확립할 수 있습니다. 수순 중 백12로는 두텁게 A로 미는 것도 유력합니다.

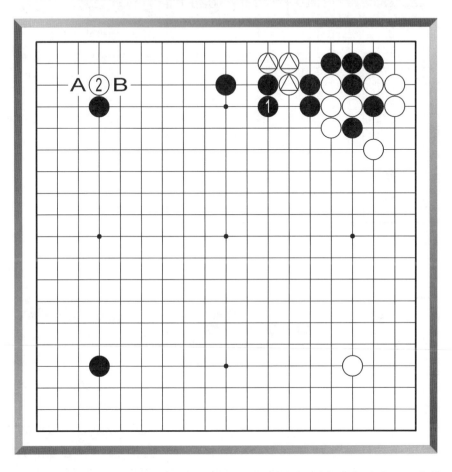

흑1로 뻗어서 우상귀 정석 형태가 일단락된 모습입니다. 계속해서 백이 2로 붙인
것은 백△ 석점을 어떻게 처리할지 흑의 응수 여하에 따라 결정하겠다는 뜻입니
다. 그렇다면 흑은 A와 B 중 어느 곳으로 젖혀야 할까요?

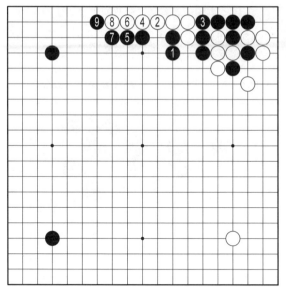

흑1 때 곧장 백2로 움직이는 것은 좋지 않습니다. 흑 3으로 연결하면 백은 4, 6으로 움직여야 하는데 이하 흑9까지 삶의 길이 여의치 않습니다.

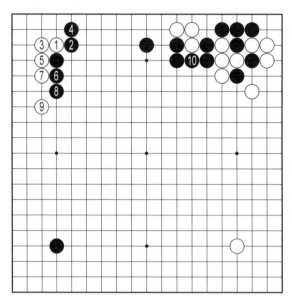

백1로 붙이면 흑은 2로 젖히는 것이 정수입니다. 이후 백3으로 뻗고 흑4 이하 백9까지 귀중한 선수가 흑에게 돌아갑니다. 선수를 취한 흑이 10으로 두어 뒷맛을 보강하면 서로가 둘 만한 바둑이 됩니다.

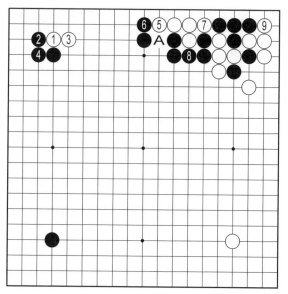

백1로 붙이자 실전에선 흑 2로 젖혔는데 방향착오입 니다. 백3 때 흑4, 백5로 움직인 것은 좋은 수순입 니다. 이후 흑6으로 막고 이하 백9까지의 결과는 백 의 대성공입니다. 이후 흑 은 A의 약점이 부담으로 남았습니다.

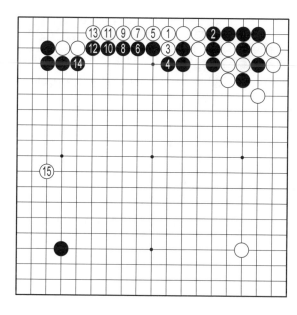

백1 때 흑은 2로 잇고 버려 야 합니다. 하지만 백이 3 으로 찌른 후 이하 흑14까 지 진행되면 흑은 후수가 된다는 것이 아픔입니다. 선수를 취한 백이 15로 갈 라치면 백이 앞서는 바둑 입니다.

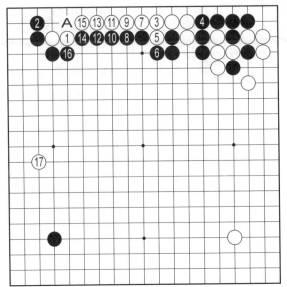

백1 때 흑은 2로 내려서는 것이 그나마 최선입니다. 이후 백3으로 뻗고 이하 흑16까지의 진행이면 장차 흑A로 잡는 수가 남았습니다. 백17로 갈라치기까지 흑도 어느 정도 둘 수 있는 바둑입니다.

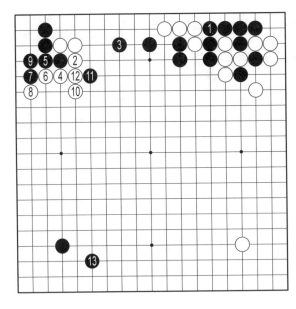

5도의 수순 중 흑1 때 백2로 미는 변화도 생각할 수 있습니다. 계속해서 흑은 3으로 보강하는 것이 좋은 대응입니다. 이후 백4로 단수치고 흑5 이하 흑13까지가 예상되는 진행인데 흑이 편한 바둑입니다.

침투와 걸침의 갈림길

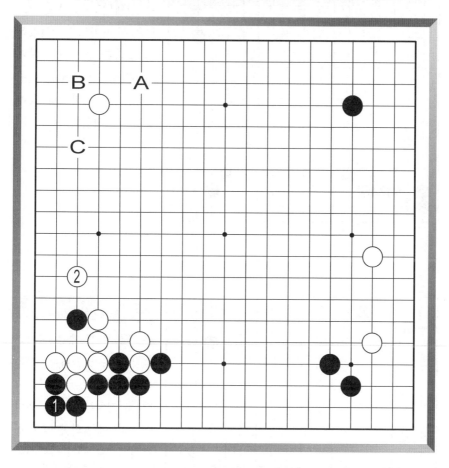

흑1로 잇자 백이 2로 날일자해서 흑 한점을 제압한 장면입니다. 선수를 취한 흑은 좌상귀 백 한점에 대한 압박을 가해야 하는데 침투와 걸침의 갈림길에 서 있습니다. 이 경우 흑은 A~C 중 어느 곳에 두는 것이 최선일까요?

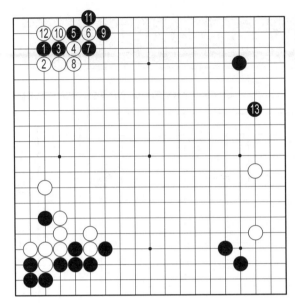

흑1로 침투하는 것이 올바른 선택입니다. 백은 2로 막은 후 4, 6으로 이단젖혀서 실리를 중시해야 하며 흑13까지가 예상되는 진행입니다. 전체적으로 흑이 앞서는 포석입니다.

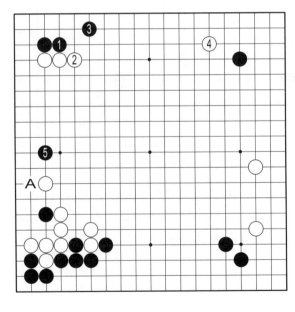

흑1 때 백2로 뻗는 변화도 생각할 수 있습니다. 계속해서 흑3으로 날일자하고 백4로 걸치는 바둑이 됩니다. 하지만 A의 붙임을 엿보며 흑5로 다가서는 것이 좋은 침투수가 되어서는 흑이 유리한 바둑입니다.

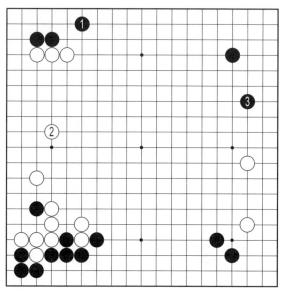

흑1 때 백2로 지키면 흑도 3으로 지키는 것이 좋습니다. 이 역시 흑이 앞서는 바둑입니다.

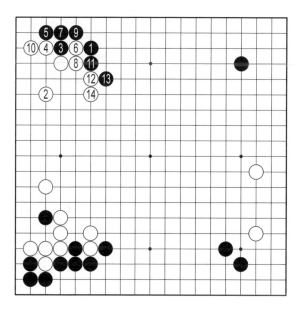

흑1로 걸친 후 백2 때 흑3, 5로 되젖히는 정석을 선택하는 것은 좋지 않습니다. 이하 흑11까지 기본 정석이 진행되었을 때 백은 12, 14로 젖히고 뻗는 것이 좋은 대응입니다. 좌변이 크게 부풀어 오를 기세이므로 이 결과는 흑이 좋지 않습니다.

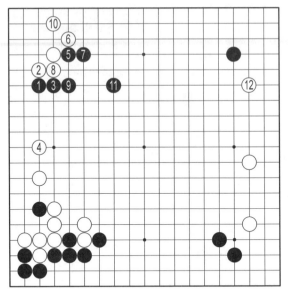

흑1로 걸치는 것도 좋지
않습니다. 백은 2로 마늘
모 붙인 후 4로 한칸 벌려
서 흑을 압박하는 것이 좋
은 작전입니다. 이후 흑5
로 붙이고 이하 흑11까지가
예상되는 진행인데 귀중한
선수가 백의 차지가 됩니
다. 백12로 걸쳐서는 백의
좋은 흐름입니다.

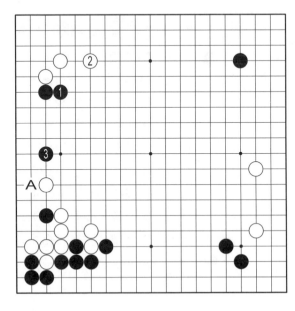

흑1 때 백2로 받는 것은 상
식적인 응수이지만 이 경
우 좋지 않습니다. 흑은 3
으로 벌린 후 A의 붙임을
엿볼 수 있으므로 충분합
니다.

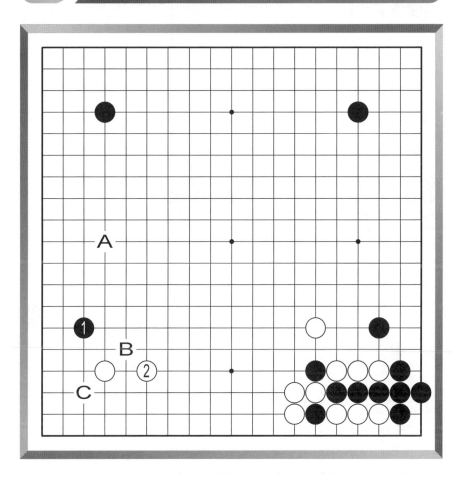

흑1로 걸치자 백이 2로 한칸 뛰어서 받은 장면입니다. 백2로는 걸쳐온 돌에 붙여 서 두는 것이 보통입니다. 그렇다면 백2에 대해 흑은 어떻게 대응하는 것이 좋을 까요? A~C 중에서 선택하시기 바랍니다.

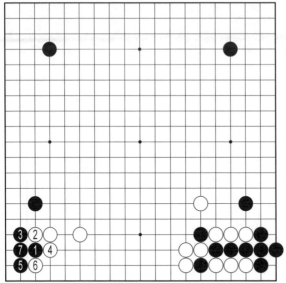

흑1로 침투하는 것이 이 경우 적절한 선택입니다. 이후 백2로 막고 흑3 이하 흑7까지의 진행이라면 흑의 실리가 돋보이는 바둑입니다.

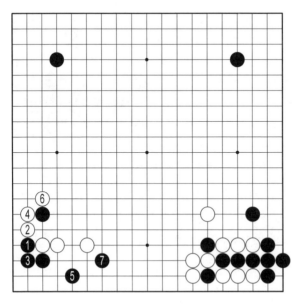

흑1 때 백2로 막는 것은 백이 더욱 좋지 않습니다. 이후 흑3으로 잇고 이하 흑7까지 진행되면 우하귀 방면 백의 두터움의 위력이 대폭 줄어 들었습니다.

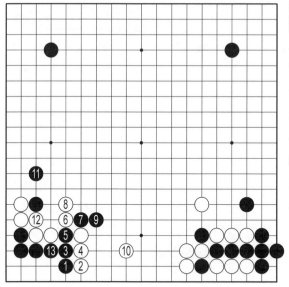

흑1 때 백2로 막고 버티는 변화도 생각할 수 있습니다. 이때는 흑3 이하 7까지 강력하게 끊어서 싸우는 것이 좋습니다. 이하 백8로 뻗고 흑9 이하 흑13까지가 예상되는 진행인데 흑의 우세한 결과입니다.

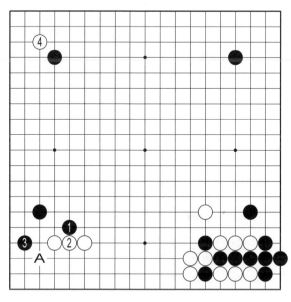

흑1로 들여다보는 것은 이 경우 좋지 않습니다. 백은 2로 잇는 것이 적절한 선택이며 흑3 때 A로 받지 않고 4로 침투한 것도 적절한 선택입니다.

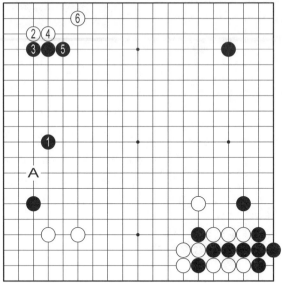

흑1로 벌리는 것도 좋은 평가를 받기 어려운 수입니다. 백은 곧장 2로 침투하는 것이 실속 있는 작전입니다. 이후 흑3으로 막고 백4, 6까지가 예상되는 진행인데 백이 앞서는 바둑입니다. 좌변 흑 모양에는 A의 약점이 남아 있습니다.

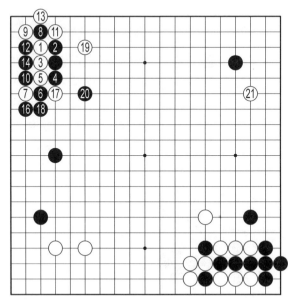

백1 때 흑2로 막은 후 백3 이하 흑20까지의 정석을 선택할 수도 있습니다. 하지만 선수를 취한 백이 21로 걸쳐가면 흑이 많이 불리한 포석입니다.

(백⑮…흑❽)

의문의 갈라치기

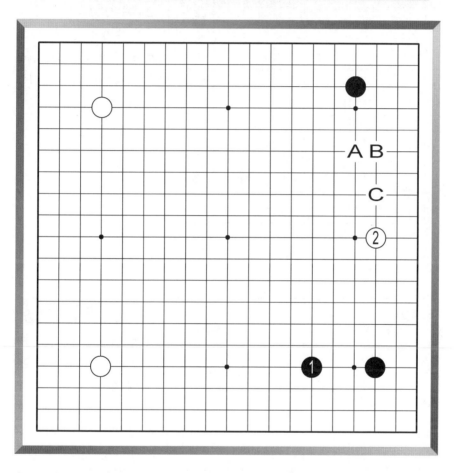

흑1로 귀를 굳히자 백이 2로 갈라친 장면입니다. 하지만 백2로 갈라친 수는 의문수로 우상귀 소목에 걸치는 것이 정수입니다. 그렇다면 백2에 대해 흑은 어떻게 대응하는 것이 좋을까요? A~C 중에서 선택하시기 바랍니다.

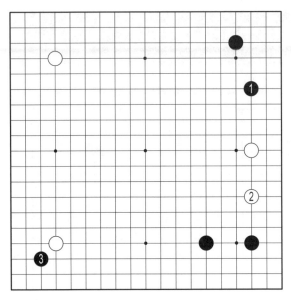

흑1로 귀를 굳히는 것이 정
답입니다. 계속해서 백2로
두칸 벌려야 할 때 흑3으
로 3, 三에 침투해서 실리
를 차지하면 흑이 앞서는
바둑이 됩니다.

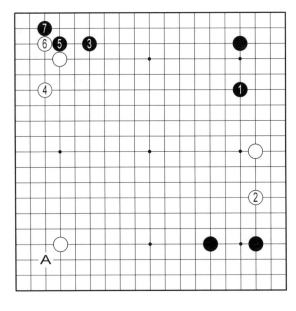

흑1로 귀를 굳히는 것도 가
능합니다. 백2로 두칸 벌
릴 때 흑3으로 걸친 후 이
하 7까지 처리하고 나면 흑
이 우세한 바둑입니다. 수
순 중 흑3으로는 A의 침투
도 유력합니다.

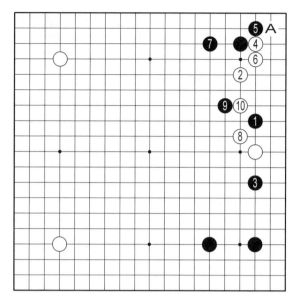

흑1로 다가선 것은 백이 우
변에 두칸 벌리길 기대한
것이지만 백2로 반발하는
수가 성립합니다. 흑이 기
세상 3으로 다가서도 백4
로 붙인 후 이하 10까지 처
리하고 나면 흑이 불리한
바둑입니다. 수순 중 백8
로는 A에 젖히는 것도 유
력한 수입니다.

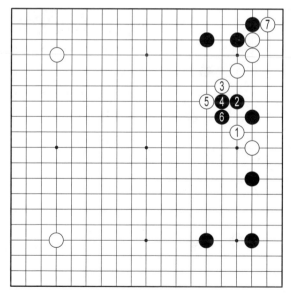

백1 때 흑2로 변화를 모색
한다면 백은 3, 5로 공격
하는 수순이 좋습니다. 흑
6의 빈삼각이 불가피할 때
백7로 젖히면 이 역시 백이
우세합니다.

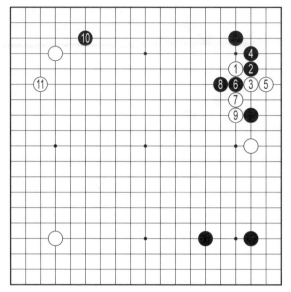

백1 때 흑2로 붙이는 수도 생각할 수 있습니다. 이후 백3으로 젖히고 흑4 이하 백9까지가 예상되는 진행인데 이 역시 백이 유리합니다.

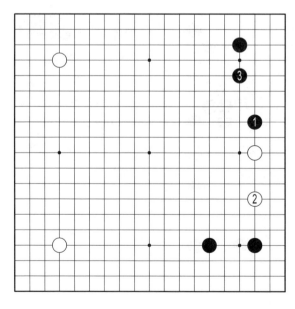

실전에선 흑1로 다가서자 백2로 두칸 벌렸는데 기백이 부족한 수입니다. 흑3으로 귀를 굳혀서는 흑이 우세한 바둑입니다.

노림수에 대한 대응

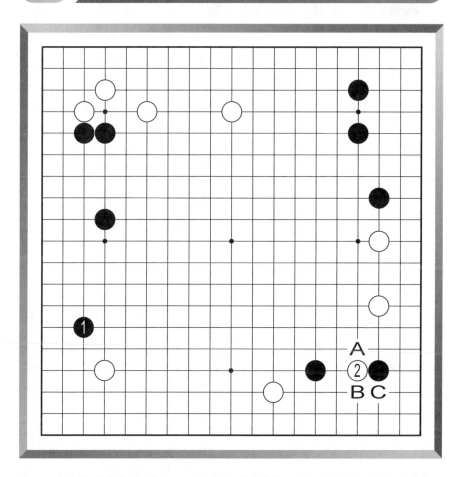

흑1로 걸치자 백이 손을 빼서 2로 붙인 장면입니다. 계속해서 흑은 어떤 방법으로 응수하는 것이 좋을까요? 다음 한수를 A~C 중에서 선택하세요.

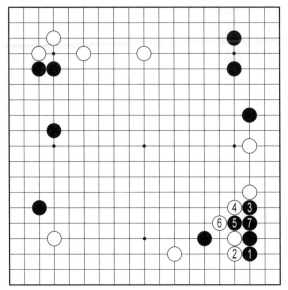

주변 배석을 고려할 때 흑 1로 내려서는 것이 정답입니다. 계속해서 백2로 차단한다면 흑은 3으로 붙이는 것이 후속 행마입니다. 이후 백4로 젖힌다면 흑5, 7로 처리해서 흑이 우세한 결과입니다. 백은 곳곳에 약점 투성이라 수습이 쉽지 않습니다.

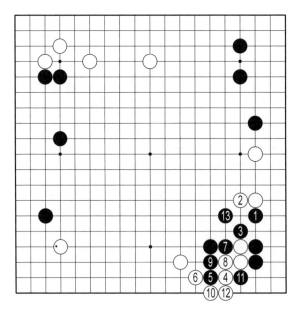

흑1 때 백2로 올라선다면 흑3으로 두점머리가 통렬합니다. 이후 백4로 마늘모한 수가 연결의 맥점이긴 하지만 이하 흑13까지의 진행에서 보듯 백 모양이 옹색합니다.

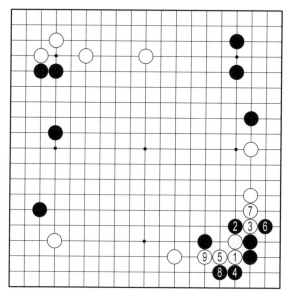

백1 때 곧장 흑2로 젖히는 것은 백3의 반격이 기다리고 있습니다. 계속해서 흑4로 젖히고 이하 백9까지가 예상되는 진행인데 백도 둘 만한 바둑입니다.

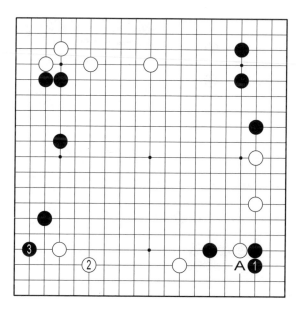

흑1 때 백2로 손을 돌릴 수도 있습니다. 계속해서 흑은 3으로 날일자하는 것이 좋은 선택이며 A로 두는 것도 훌륭한 한수입니다.

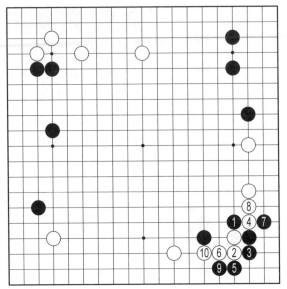

흑1로 젖히는 것은 최선의 선택이 아닙니다. 계속해서 백2로 내려서고 흑3 이하 백10까지의 진행은 3도로 환원된 모습입니다.

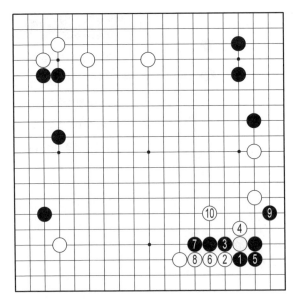

흑1로 젖히는 것은 좋지 않습니다. 백이 2로 젖히면 흑3 이하 9까지 안정해야 하는데 백10까지 흑이 불리한 싸움입니다.

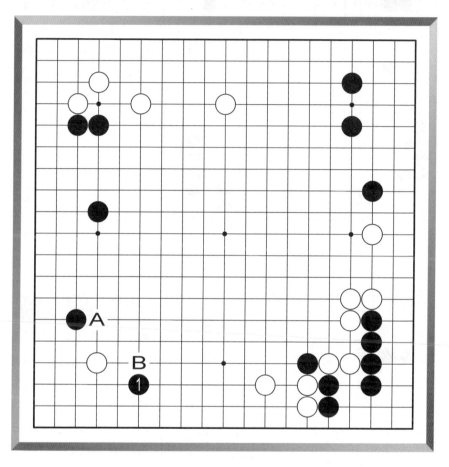

흑1로 양걸침한 장면입니다. 주변 배석 관계상 백은 A와 B 중에서 어느 곳으로
붙이는 것이 올바른 선택일까요?

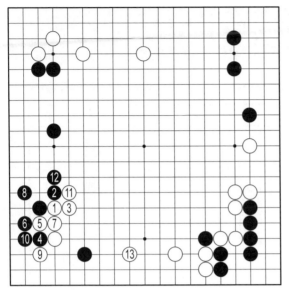

백1로 붙이는 것이 올바른 방향입니다. 이후 흑2로 젖히고 이하 백13까지의 진행이면 하변의 백 모양이 매우 좋아졌습니다.

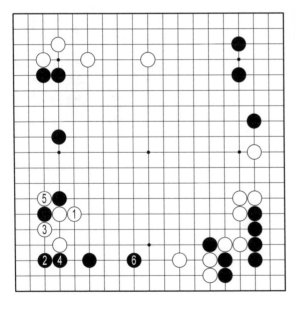

백1 때 흑은 2로 침투하는 것이 좋습니다. 계속해서 백3으로 막는 것은 흑의 의도에 말려드는 수로 이하 흑6까지 하변이 모두 무너진 결과입니다.

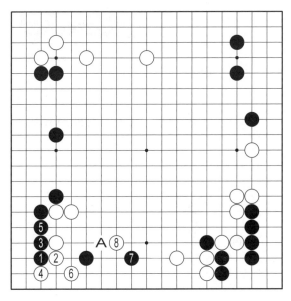

흑1로 침투하면 백은 2로 막아야 합니다. 계속해서 흑3으로 연결했을 때 백4로 젖힌 후 6으로 호구치는 것이 좋은 수순입니다. 이후 흑7로 두칸 벌린다면 백8 또는 A로 들여다보는 것으로 공격을 풀어갑니다. 전체적으로는 흑의 실리가 돋보이지만 백도 공격의 희망을 품을 수 있는 바둑입니다.

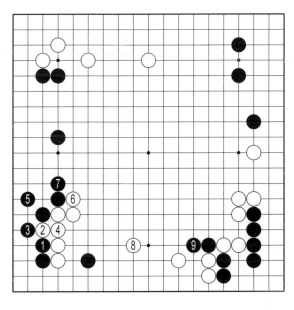

흑1 때 평범하게 백2, 4로 끼워 잇는 것은 이하 흑7까지 흑의 실리가 너무 커서 백이 좋지 않습니다. 백8로 하변을 지켜도 흑9로 움직이면 공격이 쉽지 않습니다.

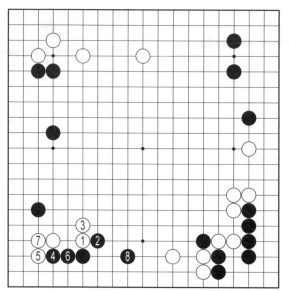

백1로 붙이는 것은 방향착
오입니다. 흑은 2로 젖힌
후 이하 8까지 하변에 터
를 잡아서 대만족입니다.

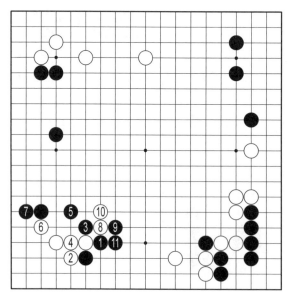

흑1 때 백2로 호구친다면
흑3으로 단수친 후 5로 봉
쇄하는 것이 좋은 수순입
니다. 이후 백이 6, 8로 반
격을 시도해도 흑9, 11까지
별 소득이 없습니다.

어깨 짚기에 대한 응수 방법

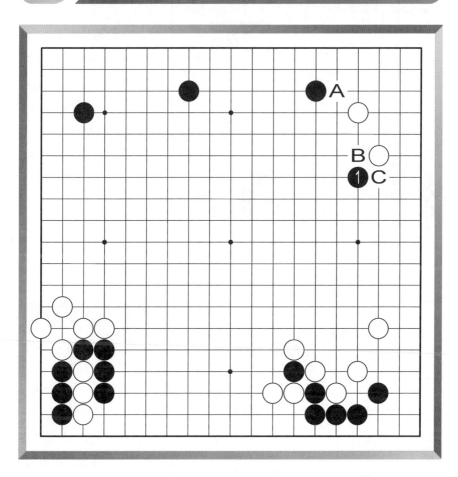

흑1로 어깨를 짚어서 우변 백 모양을 삭감한 장면입니다. 이에 대해 백은 어떤 방법으로 국면을 풀어가는 것이 좋을까요? A~C 중에서 한수를 선택하시기 바랍니다.

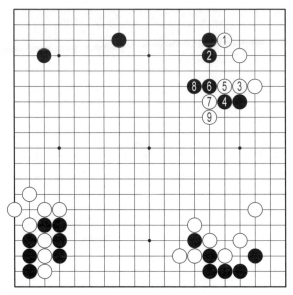

백1로 마늘모 붙인 후 흑2 때 백3으로 밀고 올라서는 것이 정답입니다. 계속해서 흑이 4로 뻗는다면 백5, 7로 절단한 후 이하 9까지 흑 두점을 공격해서 백의 대성공입니다.

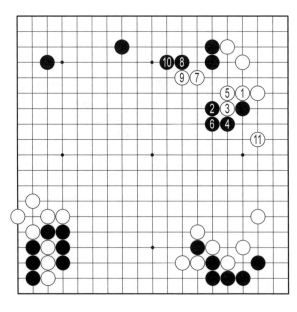

백1 때 흑2로 한칸 뛴다면 백은 3, 5로 끼워 잇는 것이 좋습니다. 이후 흑6으로 잇고 백7 이하 흑10까지가 예상되는 진행인데 이 역시 백이 유리합니다.

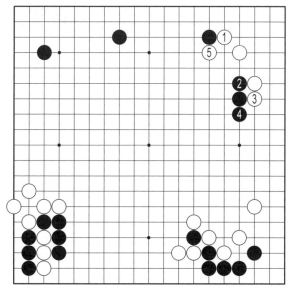

백1 때 흑2로 변화를 모색
한다면 백은 3을 선수한
후 흑4 때 백5로 젖혀서 두
는 것이 알기 쉽습니다.

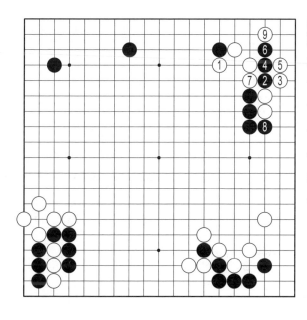

3도 이후의 진행입니다.
백1 때 흑이 2로 젖힌다면
백은 3으로 대응하는 것이
좋습니다. 이후 흑4, 6에
는 백5, 7로 절단한 후 흑
8, 백9까지 처리해서 백이
우세합니다.

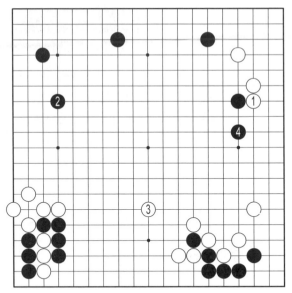

백1로 두는 것은 흑에게 활용당하는 수입니다. 흑은 2로 두어서 축머리를 활용한 후 흑4로 한칸 뛰어서 백의 두터움에 대항할 수 있습니다.

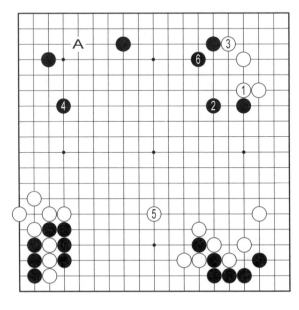

백1로 밀어 올리는 수도 최선의 선택이 아닙니다. 흑2로 한칸 뛰면 백은 3으로 지켜야 하는데 흑4, 6까지 흑의 의도대로 바둑이 진행됩니다. 흑6 이후 백은 A 방면에 걸치게 되는데 전체적으로는 흑이 두터운 바둑입니다.

가볍게 형태를 결정짓는 방법

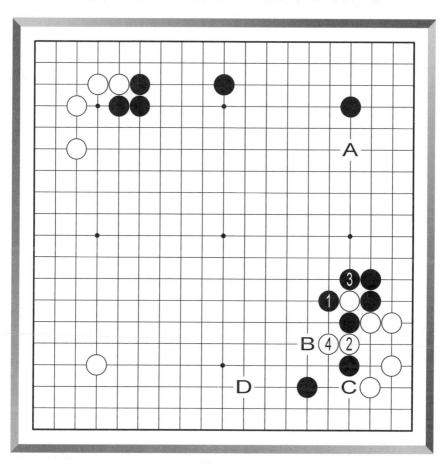

흑1로 단수치자 백이 2, 4로 돌파한 장면입니다. 이후 흑은 어떤 방법으로 국면을
풀어가는 것이 좋을까요? A~D 중에서 선택하시기 바랍니다.

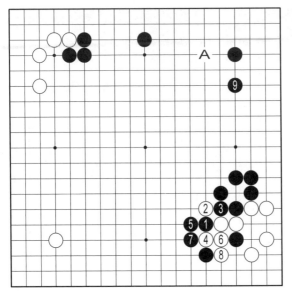

흑1로 붙이는 것이 정답입
니다. 계속해서 백2로 젖
힌다면 강력하게 흑3으로
끊는 것이 좋습니다. 이후
백4로 단수치고 이하 백8
까지 진행되었을 때 손을
빼서 흑9(또는 A)로 귀를
굳히면 흑이 매우 우세한
바둑입니다.

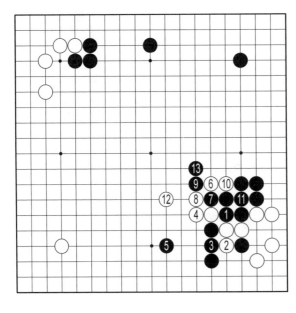

흑1 때 단순하게 백2로 두
는 변화도 생각할 수 있습
니다. 계속해서 흑3으로
잇고 백4 이하 흑13까지가
예상되는 진행인데 이 결
과 역시 흑이 우세합니다.

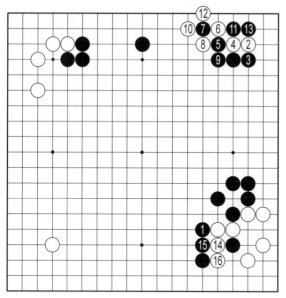

흑1로 붙이면 백은 손을 빼서 2로 침투하는 정도입니다. 이후 흑3으로 막고 백4 이하 백16까지가 예상되는 진행인데 전체적으로 흑이 앞서는 바둑입니다.

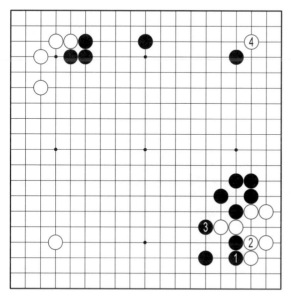

흑1로 막는 것은 백2로 보강하게 해서 좋지 않습니다. 계속해서 흑3으로 보강한 것은 어쩔 수 없는데 귀중한 선수가 백에게 넘어갑니다. 백4로 침투할 수 있어서는 백도 많이 만회한 모습입니다.

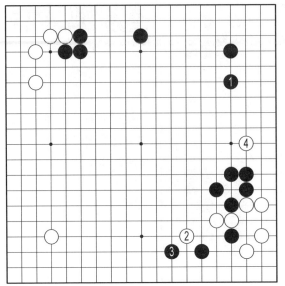

흑1로 귀를 굳히는 것은 너무 성급합니다. 백은 2에 두어서 선수로 봉쇄를 피한 후 4로 침투할 것입니다. 이 진행은 흑도 앞을 장담할 수 없는 바둑입니다.

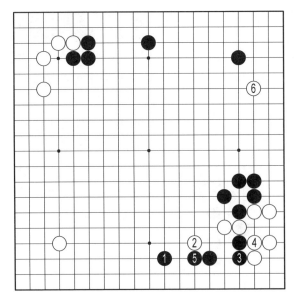

흑1로 두칸 벌리는 수 역시 백2의 선수활용이 기분 나쁩니다. 이후 흑3으로 받고 백4, 흑5까지가 예상되는 진행인데 중요한 선수가 백에게 넘어갑니다. 백6으로 걸쳐서는 흑의 작전 실패입니다.

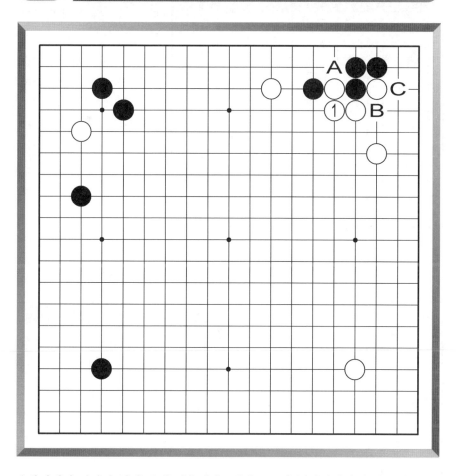

우상귀에서 정석이 진행 중에 있습니다. 백이 1로 이은 장면인데 흑의 다음 수습이 관건으로 떠오르고 있습니다. 흑은 A~C 중에서 어떤 방법으로 안정하는 것이 최선일까요?

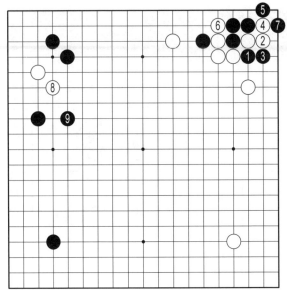

흑1로 단수치는 한수입니다. 이후 백2로 키워 죽이고 흑3 이하 흑7까지가 기본형입니다. 백은 선수를 취한 것에 만족해야 하며 이후 백8로 움직이고 흑9로 한칸 뛰어서 서로가 둘 만한 한판의 바둑이 됩니다.

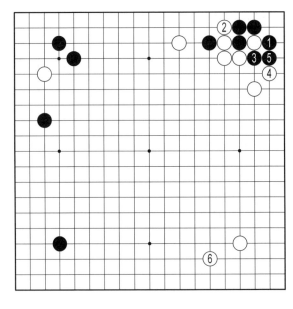

흑1로 단수치는 것은 좋지 않습니다. 백은 2로 막는 것이 좋은 수이며 흑3 때 백4가 기분 좋은 선수활용이 됩니다. 1도와 달리 선수가 백이라는 것이 중요하며 백6으로 귀를 굳히게 되면 흑의 실패입니다.

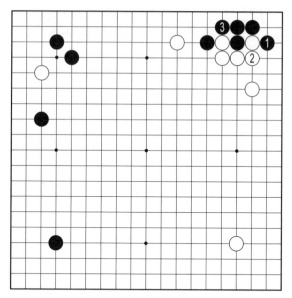

흑1 때 백2로 잇는 것은 좋지 않습니다. 흑이 3으로 연결해서 살고 나면 백은 실속이 없습니다.

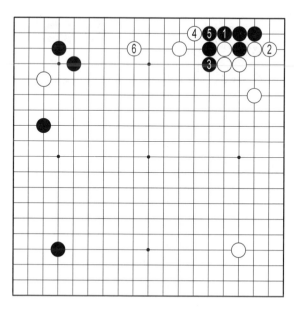

흑1로 연결하는 것은 너무 무거운 행마입니다. 백은 2로 내려선 후 흑3 때 백4, 6으로 흑 전체에 대한 공격을 노릴 것입니다.

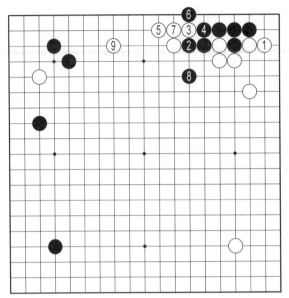

백1 때 흑2로 치받는 변화
도 생각할 수 있습니다. 이
때는 백3, 5로 젖혀 잇는
것이 적절한 대응입니다.
이후 흑은 6을 선수한 후 8
로 한칸 뛰는 정도인데 백
9까지 흑돌만 미생으로 쫓
기는 신세입니다.

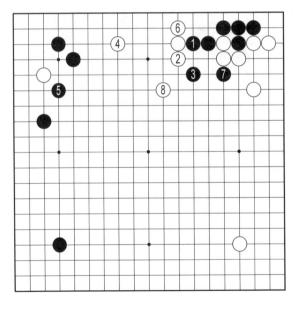

흑1 때 백은 2로 올라서서
두는 변화도 유력합니다.
이후 흑3으로 한칸 뛰고
백4 이하 백8까지가 예상
되는 진행인데 이 역시 백
이 우세합니다.

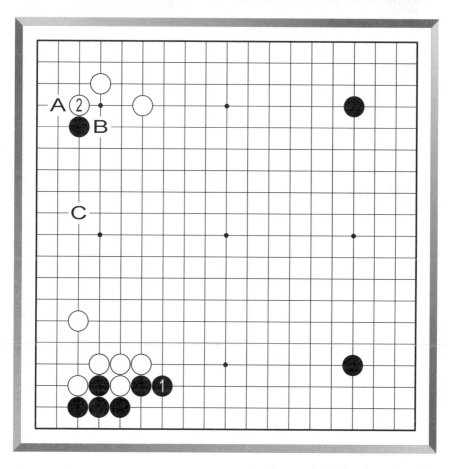

흑1로 뻗자 백이 2로 마늘모 붙여서 공격을 모색한 장면입니다. 백2에 대해 흑은
어떤 방법으로 수습하는 것이 최선일까요? A~C 중에서 선택하시기 바랍니다.

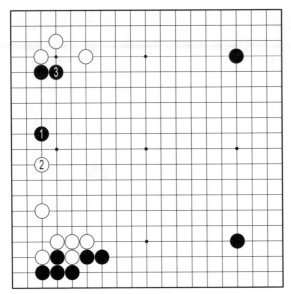

흑1로 벌리는 것이 정답입
니다. 계속해서 백이 2로
두칸 벌린다면 흑3으로 올
라서서 흑이 좋은 모양으
로 수습된 모습입니다.

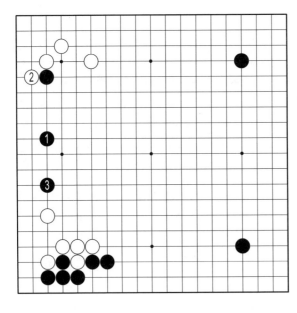

흑1 때 백2로 젖히는 것은
찬성하기 힘든 수입니다.
흑이 3으로 두칸 벌리면
아래 쪽 백 전체가 쫓기는
신세가 되어 백이 좋지 않
습니다.

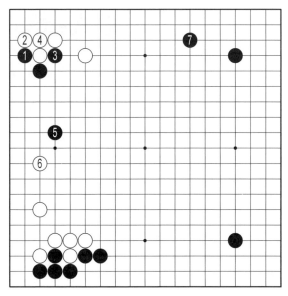

흑1로 젖혀서 두는 수도 생각할 수 있습니다. 계속해서 백2로 받아준다면 흑3, 백4를 선수한 후 흑5로 벌리는 수순이 좋습니다. 이후 백6이 불가피할 때 흑7로 귀를 굳히면 흑도 둘 만한 형태입니다.

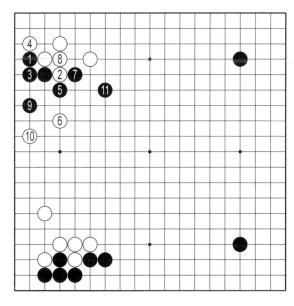

흑1 때 백은 2로 젖혀서 변화를 구하는 것이 좋습니다. 이후 흑3으로 잇고 백4 이하 흑11까지가 예상되는 진행인데 이 진행이라면 백도 둘 만합니다.

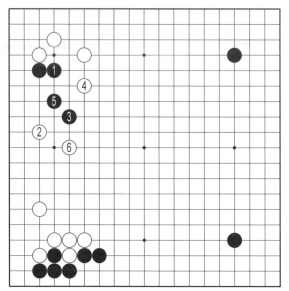

흑1로 올라서는 것은 좋지
않습니다. 백이 2로 다가
서면 흑은 3으로 달아나는
정도인데 백4, 6까지 일방
적으로 쫓기는 신세가 되
었습니다.

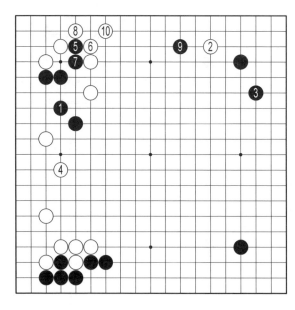

흑1 때 백은 2로 걸쳐서 두
는 변화도 가능합니다. 계
속해서 흑3으로 받는다면
백4로 날일자해서 좌변을
지키는 수순이 좋습니다.
이후 흑5에는 백6이 적절
한 대응으로 흑7 이하 백
10까지 백이 우세한 결과
입니다.

약점을 보강하는 방법

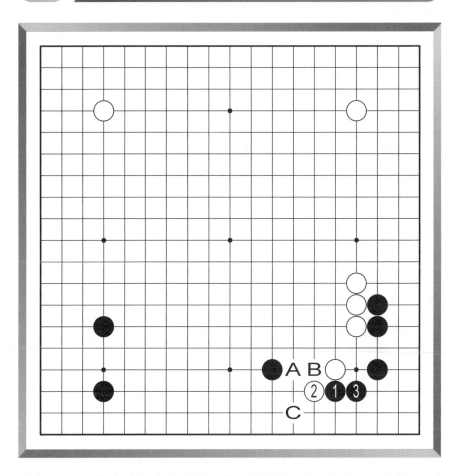

흑이 1, 3으로 붙여 뻗은 장면입니다. 계속해서 백은 어떤 방법으로 약점을 보강하는 것이 최선일까요? A~C 중에서 선택하시기 바랍니다.

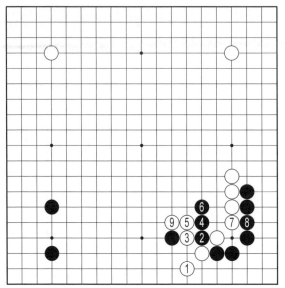

백1로 입구자하는 것이 정답입니다. 이후 흑2로 끊는다면 백3으로 단수친 후 이하 백9까지 처리하는 수순이 좋습니다. 흑은 중앙의 석점만 부담으로 떠안게 되었습니다.

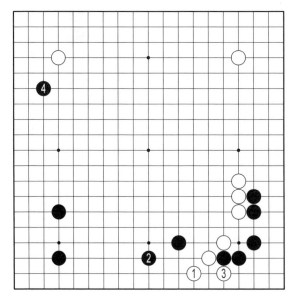

백1 때 흑2로 받는다면 백3으로 호구치는 것이 좋습니다. 흑은 귀를 받지 못하고 4로 걸치는 정도인데 백이 약간 유리한 바둑입니다.

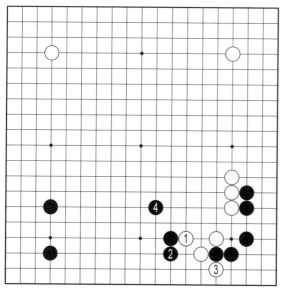

백1로 호구치는 것은 최선
의 선택이 아닙니다. 흑은
2로 내려선 후 백3을 기다
려 4로 날일자해서 하변을
크게 키울 것입니다.

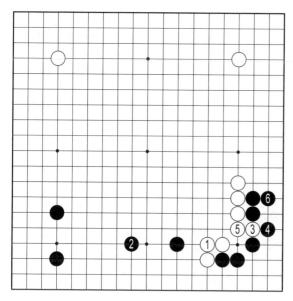

백1로 잇는 것이 제일 나
쁜 선택입니다. 백1이면 흑
은 2로 두칸 벌려서 하변
을 지키는 것이 좋습니다.
이후 백3, 5로 끼워 잇고
흑4, 6까지 일단락인데 백
으로선 2도에 비해 실속이
없습니다.

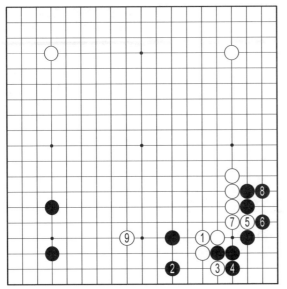

백1 때 흑은 2로 한칸 뛰어
서 두는 작전도 생각할 수
있습니다. 하지만 백3 때
흑4로 받은 것이 너무 소
극적입니다. 백은 5로 끼
운 후 이하 흑8까지 결정
지은 후 9로 침투해서 우세
를 확립할 수 있습니다.

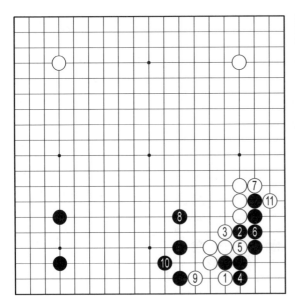

5도의 수순 중 백1 때 흑은
2로 호구친 후 백3을 기다
려 4로 막는 것이 올바른
수순입니다. 이후 백5로
단수치고 이하 흑10까지의
진행이면 하변을 크게 키
워서 흑도 둘 만한 바둑입
니다. 백은 11을 선수하는
것에 만족해야 합니다.

수습을 위한 2선 되젖힘

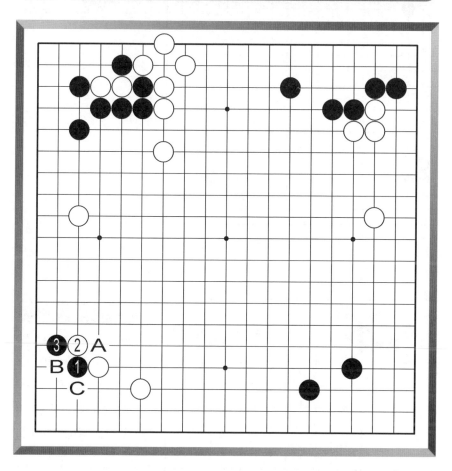

흑1로 붙인 것은 시기상조입니다. 흑1로는 우변에 벌리는 것으로 흑이 유리한 바둑입니다. 계속해서 백2로 젖히고 흑3으로 되젖혀서 수습을 꾀한 장면인데 백은 어떤 방법으로 대응하는 것이 최선일까요? A~C 중에서 선택하시기 바랍니다.

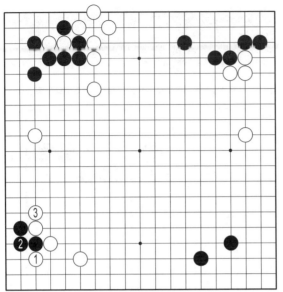

백1로 단수친 후 3으로 뻗는 것이 올바른 선택입니다.

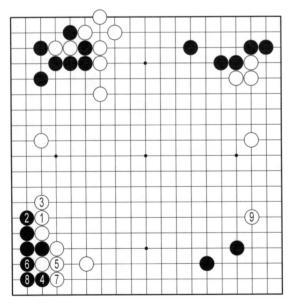

1도 이후의 진행입니다. 백1로 뻗으면 흑은 2를 선수한 후 4로 붙여서 수습하는 정도입니다. 계속해서 백5로 잇고 흑6, 8까지 일단락인데 백이 선수로 두터움을 확립한 모습입니다. 백9로 걸쳐서는 백이 유리한 바둑입니다.

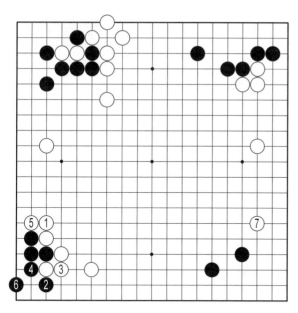

백1 때 곧장 흑2로 붙이는 것은 좋지 않습니다. 이후 백3으로 잇고 흑4로 받았을 때 백5가 선수가 된다는 것이 2도와 큰 차이점입니다. 흑6을 기다려 백7로 걸치면 백이 유리한 바둑입니다.

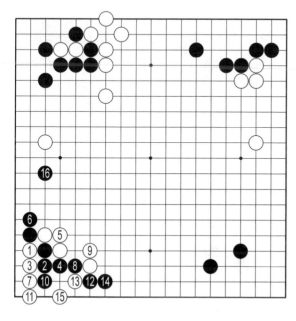

백1로 단수친 후 3으로 두어서 실리를 탐하는 것은 좋지 않습니다. 흑은 2, 4로 둔 후 이하 16까지 안정하는 것이 좋은 수순입니다. 백은 귀를 제압하고도 불리한 결과입니다.

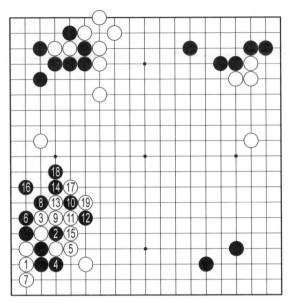

백1 때 흑2, 4를 선수한 후
6으로 뻗는 것은 구정석입
니다. 백은 7로 뻗은 후 이
하 19까지 실리와 두터움
을 동시에 얻어서 만족입
니다.

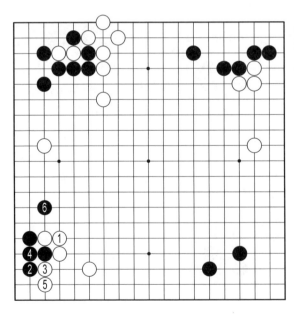

백1로 잇는 수도 좋지 않습
니다. 흑은 2로 호구치는
것이 좋은 응수입니다. 이
후 백3으로 단수치고 흑4,
6까지가 예상되는 진행인
데 흑의 만족스런 결말입
니다.

발 빠른 작전

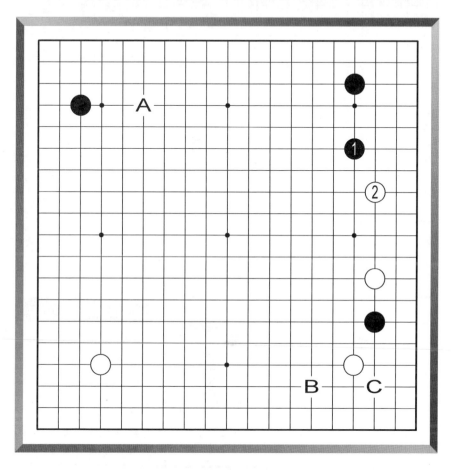

흑1로 귀를 굳히자 백이 2로 다가선 장면입니다. 흑은 기세상 귀를 받아 주고 싶지는 않은데 그렇다면 어떻게 두는 것이 좋을까요? A~C 중에서 선택하시기 바랍니다.

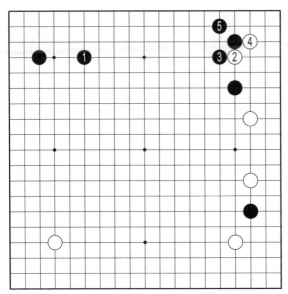

흑1로 귀를 굳히는 것이 정답입니다. 백2로 붙이는 것이 노림수이지만 흑3, 5로 응수해서 충분합니다.

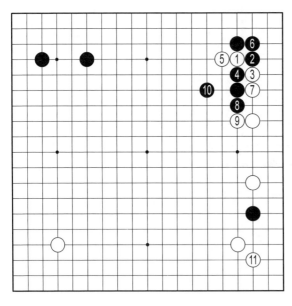

백1 때 흑2로 젖히는 것은 백의 노림수에 걸려드는 수입니다. 이후 백3으로 젖히고 이하 백11까지가 예상되는 진행인데 백의 기분 좋은 결과입니다.

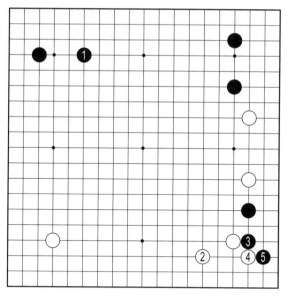

흑1이면 백은 2로 손을 돌리는 것이 정수입니다. 계속해서 흑도 3으로 붙인 후 5로 되젖혀서 수습을 하게 되는데 서로가 둘 만한 바둑입니다.

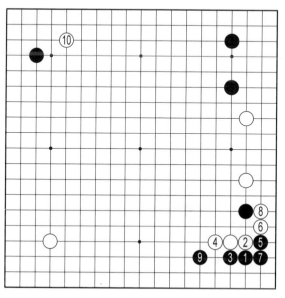

흑1로 3, 三에 침투해서 실리를 밝히는 것은 좋지 않습니다. 이하 흑9까지 정석이 진행되었을 때 선수를 취한 백이 10으로 걸치면 백이 유리한 바둑입니다.

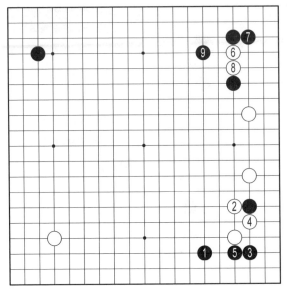

흑1로 양걸침하는 것 역시
찬성하기 힘든 수입니다.
하지만 백이 2로 붙인 후 4
로 응수해 준다면 흑3, 5까
지 실리를 차지해서 흑의
만족입니다. 이후 백6의
노림수에는 흑7, 9로 응수
해서 흑이 우세합니다.

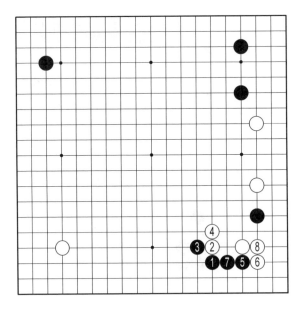

흑1로 붙이면 백은 2로 붙
이는 것이 올바른 방향입
니다. 이후 흑3으로 젖히
고 백4 이하 백8까지가 예
상되는 진행인데 우변의
백 모양이 매우 좋습니다.

빵따냄의 가치

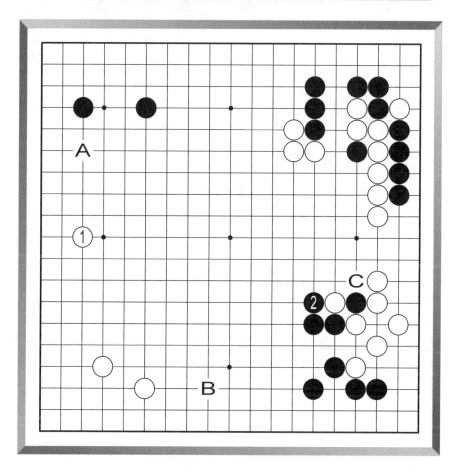

백1로 벌리자 흑이 2로 단수친 장면입니다. 이후 백은 어떤 방면으로 국면을 풀어 가는 것이 좋을까요? A~C 중에서 선택하시기 바랍니다.

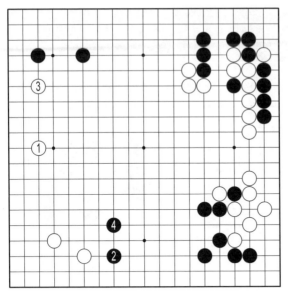

백1 때 흑은 2로 벌리는 것
이 정수입니다. 백이 3으
로 두어서 좌변을 확장한
다면 흑은 4로 한칸 뛰어
서 하변을 넓히는 바둑이
됩니다. 전체적으로 흑이
두기 편한 바둑입니다.

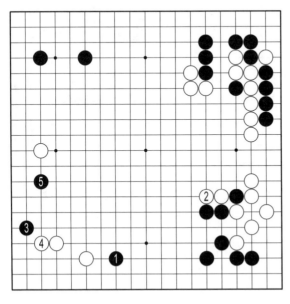

흑1 때 백2로 밀어가는 수
도 생각할 수 있습니다. 이
때는 흑3으로 침투하는 것
이 좋습니다. 백4로 받을
때 흑5로 벌리면 이 역시
흑이 기분 좋은 진행입니
다.

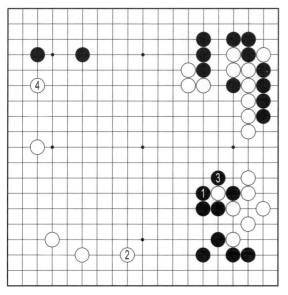

흑1 때 백은 2로 두칸 벌려서 하변 흑 세력을 견제하는 것이 정답입니다. 흑이 기세상 3으로 따낸다면 백4로 벌려서 백이 앞서는 바둑입니다.

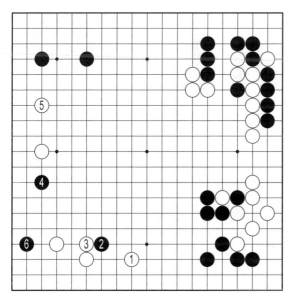

백1로 두칸 벌리면 흑은 2로 들여다본 후 4로 침투해서 변화를 모색해야 합니다. 이후 백5로 두칸 벌리고 흑6으로 수습을 꾀하기까지 흑도 어느 정도 후일을 기약할 수 있는 형태입니다.

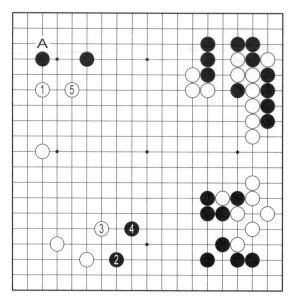

백은 1로 벌려도 유리한 국면을 이끌 수 있습니다. 이후 흑2로 벌린다면 백3으로 씌운 후 흑4를 기다려 백5로 한칸 뛰는 수순이 좋습니다. 좌상귀는 백이 A로 붙이는 뒷맛이 남아 있습니다.

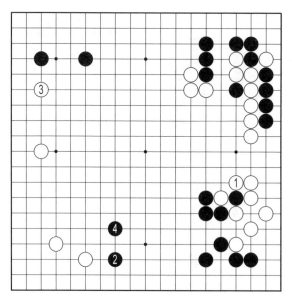

백1로 따내는 것은 생각이 짧은 수입니다. 흑은 2로 벌린 후 백3 때 4로 한칸 뛰어서 우세를 확립할 수 있습니다.

걸친 후 중국식 포석

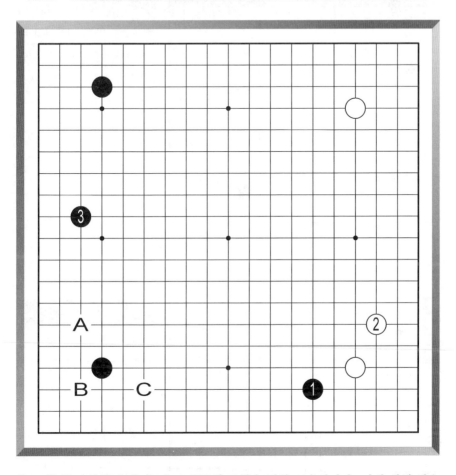

흑1, 백2를 교환한 후에 흑3으로 중국식 포석을 펼친 모습입니다. 이에 대해 백은 어떤 방법으로 국면을 풀어가는 것이 좋을까요? A~C 중에서 선택하세요.

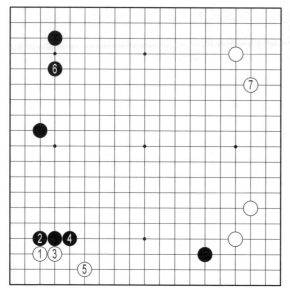

백1로 침투하는 것이 가장 알기 쉬운 방법입니다. 이후 흑2로 막고 백3 이하 백7까지가 예상되는 진행인데 백이 약간 앞서는 포석입니다.

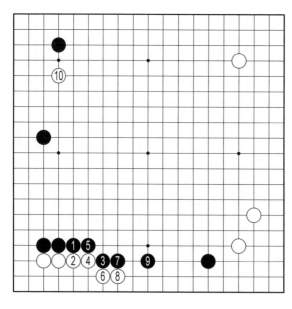

흑1 때 백은 2로 밀고 두는 변화도 가능합니다. 이후 흑은 3으로 날일자한 후 이하 9까지 하변을 정비하는 것이 좋은 대응입니다. 선수를 취한 백은 10으로 걸치게 되는데 이 역시 백이 두기 편한 포석입니다.

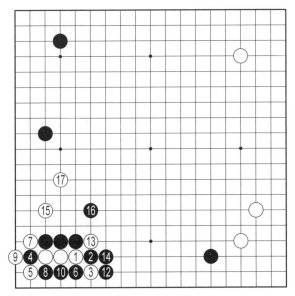

백1 때 흑2, 4로 젖혀서 변화를 모색하는 것은 좋지 않습니다. 이후 백5로 젖히고 이하 백17까지가 기본 정석인데 배석 관계상 흑이 불리합니다.

(백⑪…흑❹)

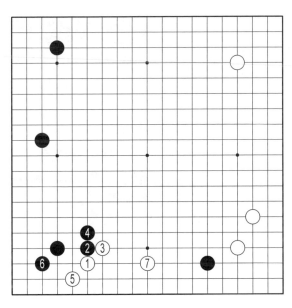

백은 1로 걸쳐서 둘 수도 있습니다. 백1로 걸치면 흑은 2로 붙여서 두어야 하며 백3 이하 7까지가 예상되는 진행입니다.

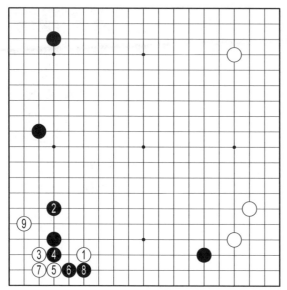

백1 때 흑2로 한칸 뛰어서 받는 것은 좋지 않습니다. 백은 3으로 침투하는 것이 적절한 대응으로 흑4 이하 백9까지의 진행은 백이 우세합니다.

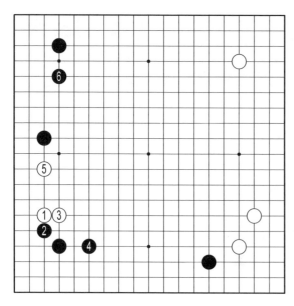

백1로 걸치는 것은 좋지 않습니다. 흑은 2로 마늘모 붙인 후 4로 한칸 뛰는 것이 적절한 응수입니다. 백5를 기다려 흑6으로 귀를 굳히면 흑이 기분 좋은 포석입니다.

세력을 견제하는 방법

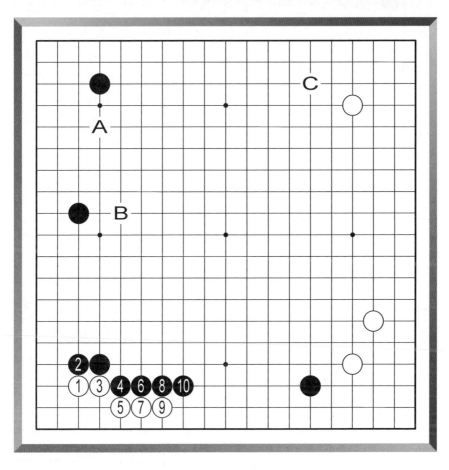

백1로 침투하자 흑2로 막고 백3 이하 흑10까지 진행된 장면입니다. 좌하귀의 진행은 명백하게 흑이 불리합니다. 하지만 이후 백은 흑 세력을 어떻게 견제할 것인지가 관건입니다. A~C 중에서 선택하시기 바랍니다.

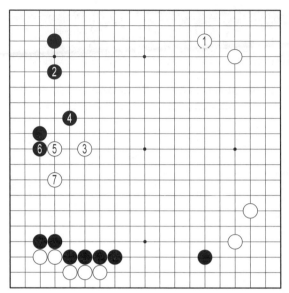

백1로 귀를 굳히는 것이 가장 알기 쉬운 대응법입니다. 계속해서 흑도 2로 귀를 굳힌다면 백3으로 씌우는 것이 적절한 삭감수가 됩니다. 이후 흑4로 받고 백5, 7까지의 진행이라면 백의 삭감이 성공을 거둔 모습입니다.

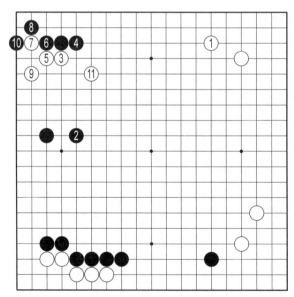

백1 때 흑2로 한칸 뛰어서 좌변을 크게 키우는 변화도 생각할 수 있습니다. 이때는 백3으로 붙여서 수를 부리는 것이 좋습니다. 이후 흑4로 뻗고 백5 이하 백11까지가 예상되는 진행인데 백이 앞서는 바둑입니다.

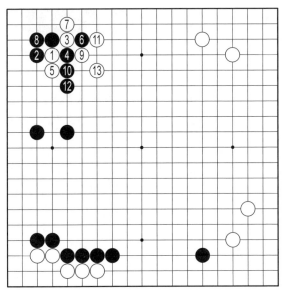

백1 때 흑2로 젖혀서 받는 변화도 생각할 수 있습니다. 이때는 백3으로 되젖히는 것이 좋은 응수로 흑4 이하 백13까지가 거의 정석화된 수순입니다. 이 진행 역시 백이 기분 좋습니다.

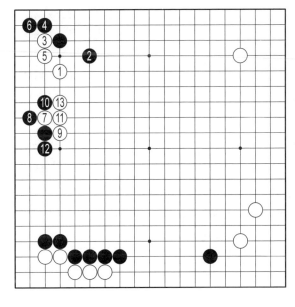

백1로 걸쳐서 두는 것도 가능한 작전입니다. 이후 흑2로 받는다면 백3, 5를 선수한 후 백7로 붙이는 것이 후속 수단입니다. 계속해서 흑8로 젖히고 이하 백13까지가 예상되는 진행인데 아래쪽 흑 세력의 위력이 대폭 줄어든 모습입니다.

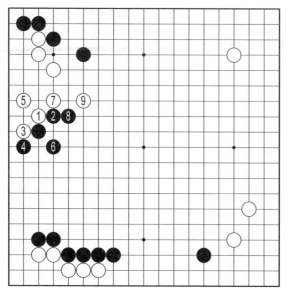

백1 때 흑2로 젖히는 변화
도 생각할 수 있습니다. 이
때는 백3으로 되젖히는 것
이 적절한 대응수가 됩니
다. 이후 흑4로 막고 백5
이하 9까지가 예상되는 진
행인데 백의 수습이 잘된
모습입니다.

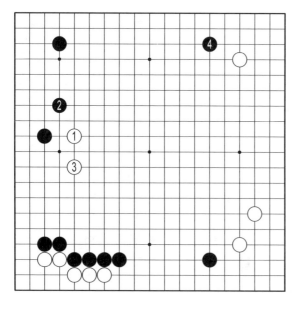

백1로 모자 씌워서 삭감하
는 것은 다소 성급합니다.
흑은 2로 받은 후 백3 때 4
로 걸치는 것이 좋은 대응
입니다. 이 진행은 흑도 충
분히 둘 만한 포석입니다.

협공수를 최대한으로 활용하는 방법

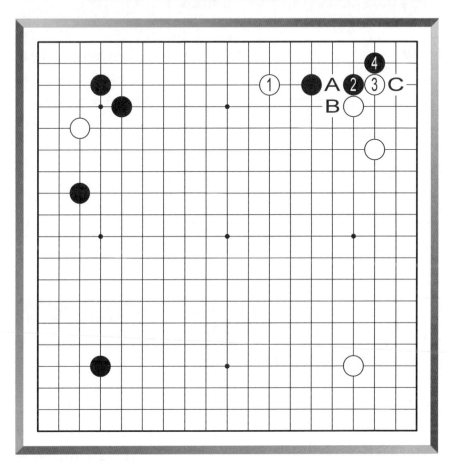

백1로 협공하자 흑이 2로 붙인 후 4에 되젖혀서 수습을 꾀한 장면입니다. 이에 대해 백은 어떤 방법으로 응수하는 것이 최선일까요? A~C 중 선택하시기 바랍니다.

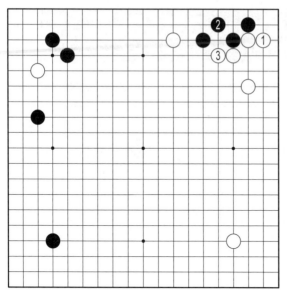

백1로 뻗는 것이 협공한 수를 최대한으로 활용하는 방법입니다. 이후 흑2로 받는다면 백3이 형태상의 급소로 백은 단숨에 우세를 확립할 수 있습니다.

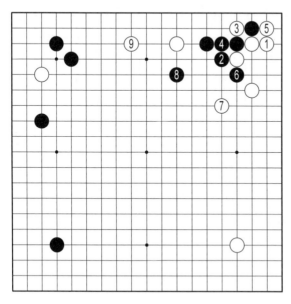

백1 때 흑은 2로 호구치는 것이 최선의 대응입니다. 계속해서 백3, 5로 단수쳐서 흑 한점을 잡은 것은 당연한데 흑6이 큰 실수입니다. 계속해서 백이 7로 공격한 후 흑8 때 9로 벌려서 안정하고 나면 흑만 일방적으로 쫓기는 신세가 되었습니다.

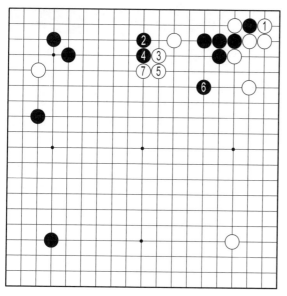

백1로 단수치면 흑은 2로 다가서서 역습을 해야 합니다. 이후 백은 3으로 어깨 짚어서 탈출을 시도해야 하는데 흑4 이하 백7까지 서로가 어려운 싸움이 됩니다.

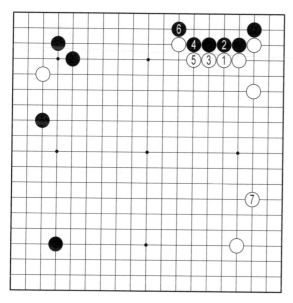

백1은 간명한 수법입니다. 이후 흑2로 이을 때 백은 3, 5까지 두텁게 형태를 결정짓습니다. 계속해서 흑6으로 젖히고 백7로 귀를 굳히는 것까지가 예상되는 진행인데 서로가 둘 만한 바둑입니다.

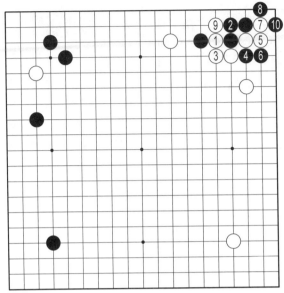

백1로 단수친 후 3으로 잇는 것은 좋은 선택이 아닙니다. 흑은 4로 단수친 후 이하 10까지 손쉽게 안정할 수 있습니다. 백은 선수를 취해서 충분히 둘 수는 있지만 앞에서 살펴본 변화보다는 약간 미흡합니다.

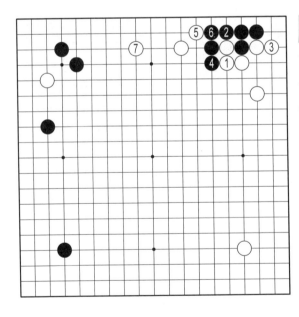

백1 때 흑2로 넘는 것은 흑의 큰 실수입니다. 백3으로 뻗으면 흑4로 밀고 올라오는 정도인데 백5, 7까지 흑돌만 일방적으로 쫓기는 신세가 되었습니다.

두점머리의 가치

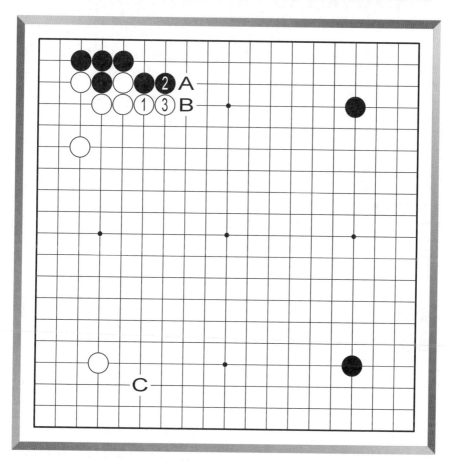

좌상귀에서 백1로 밀고 흑2로 받는 것까지는 필연적인 진행입니다. 그런데 계속
해서 백3으로 밀어 왔을 때 흑의 응수가 관건입니다. 백3에 대해 흑은 어떻게 대
응하는 것이 최선일까요? A~C 중에서 선택하시기 바랍니다.

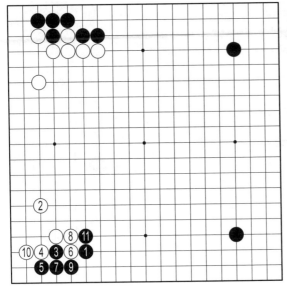

흑은 손을 빼서 1로 걸치는 것이 정답입니다. 이후 백 2로 받고 이하 흑11까지는 상식적인 진행입니다. 수순 중 흑1로는 3, 三에 침투하는 것도 유력합니다.

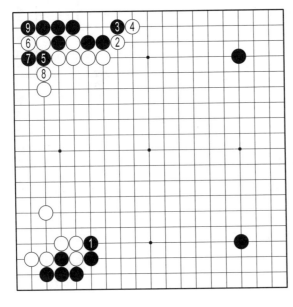

1도 이후의 진행입니다. 흑 1 때 백은 기세상 2로 두점 머리를 두들길 것입니다. 하지만 흑은 3으로 젖힌 후 백4 때 흑5로 단수치는 수순이 좋아서 충분히 둘 수 있는 모습입니다.

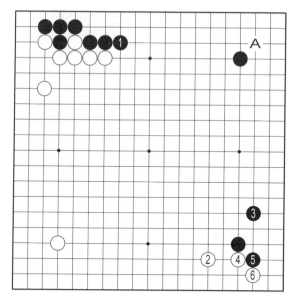

흑1로 뻗는 것은 너무 형
태에 얽매인 수입니다. 백
이 2로 걸친 후 이하 6까지
처리하면 흑은 대세에 밀
리게 됩니다. 수순 중 백2
로는 A의 침투도 유력합니
다.

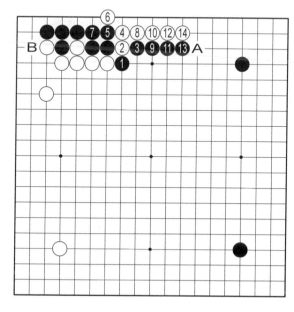

흑1로 젖히는 수는 백2로
끊겨서 약간 시끄러워집니
다. 계속해서 흑3으로 단
수치는 것은 큰 실수입니
다. 이후 백4로 나가고 흑5
이하 백14까지가 예상되는
진행인데 백이 A와 B를 맞
보기로 노리면 흑의 실패
입니다.

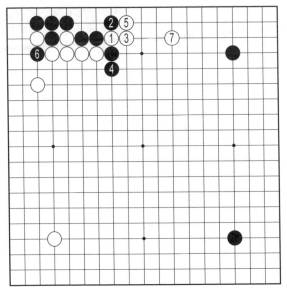

백1로 끊으면 흑은 2로 단
수친 후 백3 때 4로 뻗는
것이 가장 알기 쉬운 대응
법입니다. 계속해서 백5로
막는다면 흑6으로 단수쳐
서 안정을 꾀합니다. 이후
백7로 벌려서 일단락인데
이 진행이라면 흑도 둘 만
합니다.

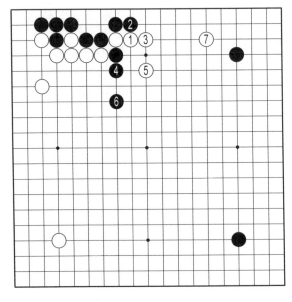

백1 때 흑2, 백3을 교환한
후 4로 뻗는 것은 약간 실
수입니다. 백5, 7까지의 진
행이라면 흑이 불리한 결
과입니다.

이창호 AI 포석

- 21세기 바둑특강 시리즈 ③ -

지은이 / 이창호 · 성기창
펴낸이 / 강희일 · 박은자
펴낸곳 / 다산출판사

1판 1쇄 인쇄 / 2020년 3월 10일
1판 1쇄 발행 / 2020년 3월 15일

등록일자 / 1979년 6월 5일
등록번호 / 제3-86호(윤)

주소 / 서울시 마포구 대흥로 6길 8 다산빌딩 402호
전화번호 / 717-3661~2, 718-1751~2
팩시밀리 / 716-9945
홈페이지 / http://www.dasanbooks.co.kr

정가 18,000원

ISBN 978-89-7110-574-0 04690
ISBN 978-89-7110-571-9(세트)

다산 바둑시리즈

이창호, 조훈현 등 당대 별중의 별들이 모여 집필한, 다산 바둑 시리즈!
21세기 신개념 바둑이론의 치밀한 해설과 구성, 저자들이 심도깊게 직접 기획 · 구성했습니다.

이창호 21세기 AI 바둑특강 시리즈

❶ 이창호 AI 신수신정석(2020년 신간)
AI를 통해 대유행하고 있는 신수와 신형을 집중
분석한 중 · 고급자들의 필수 지침서!

❷ 이창호 AI 신정석(2020년 신간)
예전에 유행했던 정석과 AI 신정석을 비교 · 분석
해서 한눈에 알아볼 수 있도록 정리한 초 · 중급
자들의 필수 지침서!

❸ 이창호 AI 포석(2020년 신간)
실리와 속도를 중시하는 AI의 패러다임에 맞춰
새롭게 유행하고 있는 포석을 집중적으로 분석해
서 정리한 초 · 중급자들의 필수 지침서!

❹ 이창호 AI 행마(2020년 신간)
속도와 돌의 효율성을 중시하는 AI의 파격적인
행마법을 알기 쉽게 정리한 바둑 애호가들의 필
수 지침서!

❺ 이창호 AI 중반(2020년 신간)
바둑의 승패를 좌우하는 공격과 수습, 그리고 전
투 능력 등을 AI의 시각으로 집중적으로 정리한
바둑 애호가들의 필수 지침서!

❻ 이창호 타이틀 명국 AI 집중 분석(근간)
탁월한 국면 운영과 치밀한 끝내기로 세계를 호
령했던 이창호 9단의 명국들을 AI를 통해 집중적
으로 분석한 타이틀 명국집!

이창호 타이틀 명국시리즈[우승결승대국]

- 〈제1권 43,000원〉, 〈제2권 35,000원〉 판매중
- 제3권~5권(출간 예정)
- 소장본 양장 초호화판(한정부수 제작)

조훈현 바둑입문 1, 2

조훈현 의 21세기 신감각 바둑특강 시리즈

❶ 대세를 장악하는 공격전술
❷ 체포될 걱정없는 침입전술
❸ 조훈현 21세기 新정석학 특강 1. 2
❹ 조훈현 21세기 新행마법 특강 1, 2, 3

문용직 수법의 발견 시리즈(문고판 10권)

이창호의 21세기 혁신판!!!

이창호의 21세기 바둑특강 시리즈

❶ 포석 10배 쉽게 배우기   **❻** 함정수 10배 쉽게 배우기
❷ 정석 10배 쉽게 배우기   **❼** 도전! 초 · 중급사활
❸ 행마 10배 쉽게 배우기   **❽** 도전! 묘수풀이
❹ 중반 10배 쉽게 배우기   **❾** 도전! 초 · 중급맥
❺ 끝내기 10배 쉽게 배우기   **❿** 도전! 절묘한 맥

이창호 이창호 바둑입문

❶ 왕초보   **❷** 기초완성   **❸** 한수 위

이창호 최신형 신수신정석 시리즈

❶ 21세기 신수신정석 1, 2, 3, 4, 5

권오민 의 신기묘수 1, 2

대한바둑협회 · 성기창

❶ 현대바둑총론-문제풀이편(바둑지도자 자격증 문제수록)
❷ 현대바둑총론-기초이론편

다산 특별 강의 시리즈

목표에 의한 맥의 구사
눈부신 급소를 찾아 1, 2
눈부시게 아름다운 끝내기 1, 2
이창호 · 양건의 즐거운 응수타진
김성래의 한국바둑 왜 강한가?
김승준 · 김창호의 이것이 한국형 1, 2

편집부 손에 잡히는 바둑 시리즈(문고판 12권)

❶ 손에 잡히는 포석   **❼** 손에 잡히는 행마
❷ 손에 잡히는 정석   **❽** 손에 잡히는 공격
❸ 손에 잡히는 초 · 중급 사활   **❾** 손에 잡히는 침투와 삭감
❹ 손에 잡히는 고급 사활   **❿** 손에 잡히는 함정수
❺ 손에 잡히는 공격의 맥   **⓫** 손에 잡히는 끝내기
❻ 손에 잡히는 수습의 맥   **⓬** 손에 잡히는 왕초보 바둑

남치형 Speak in Baduk -바둑으로 배우는 영어-

다산출판사 서울시 마포구 대흥로 6길 8 다산빌딩 402호 TEL : 717-3661~2(代) FAX : 716-994_
www.dasanbooks.co.kr 온라인계좌 : 국민은행 054901-04-167798 예금주 : 박은_